日本史のなかの親鸞聖人

歴史と信仰のはざまで

岡村喜史

日本史のなかの親鸞聖人

—歴史と信仰のはざまで—

岡村　喜史

はじめに

親鸞聖人は、教義について多くの著書を残しておられますが、自身のことについてはほとんど書かれていません。唯一、『教行信証』末尾の「後序」のなかで、法然聖人のもとで『選択本願念仏集』を書き写したこと、法然聖人の肖像画を制作することを許されたこと、さらに念仏停止《ちょうじ》によって流罪となったことが書かれているだけです。

このため、親鸞聖人の生涯については、ご自身の著述からはほとんどわかりませんので、妻の恵信尼公や曾孫の覚如上人が書き残したものから知るしかありません。それでも断片的なことしかわからないのが実状なのです。

実際、親鸞聖人在世中の浄土真宗以外の文献からは、親鸞聖人の名前が記されたものは確認できません。このため、明治時代になって西洋的な歴史学の研究手法が日本に持ち込まれると、歴史学研究者のあいだで、親鸞聖人の存在に対して疑問視する意見が出ました。いわゆる〝親鸞抹殺論〟と呼ばれるものです。

そのようなか、大正九年（一九二〇）に、当時東京大学助教授だった辻善之助氏は、親鸞聖人が実在するか否かという問題について、その筆跡研究から解決しようと試みました。そして、西本願寺などに所蔵されている親鸞聖人筆の史料を実見して、中国の宋朝の風格を備えており、いかにも親鸞聖人の筆として疑問の余地がないと批評したことで、歴史学会では親鸞聖人実在の信頼性が生まれました。辻氏の研究は、親鸞聖人の筆跡についてゼロベースから始めたことと、西洋的な客観的歴史学の手法に立脚して鎌倉時代の特性にあてはめた筆跡判定を行った点が、高く評価されることとなりました。

歴史学研究において、きっちりと史料に向きあって取り組むことなく「親鸞架空人物説」が大勢を占めるなか、親鸞聖人の実在が証明されることとなった辻氏の研究は、その基礎的研究の重要さを知ることができます。

本書では、このようにご自身のことをほとんど書き残されていない親鸞聖人の生涯について、限られた史料を補足する意味から、日本史の一般的概念などをあえて取り入れながら、中世社会に生きた親鸞聖人の姿を見ていこうと試みました。

親鸞聖人の実像に迫るには、浄土教の伝統を受け継ぐ浄土真宗の宗祖としてのあり方とともに、一方では日本の中世社会に生きた歴史上の人物という点を明らかにしなくてはなりません。さらには、そのような時代とともに生きられた親鸞聖人のありのままの姿を通してこそ、現代にも通じる浄土真宗のあり方が見えてくるのではないでしょうか。

『日本史のなかの親鸞聖人　―歴史と信仰のはざまで―』目次

第三章　出会いと別離

*『浄土真宗聖典（註釈版）第二版』は『註釈版聖典』と略記しています。

第一章　時代の波と転機

親鸞聖人の誕生

平安時代も終わろうとしている承安《じょうあん》三年（一一七三）、親鸞聖人はお生まれになりました。

親鸞聖人は、ご自身でお書きになった名号《みょうごう》の讃《さん》や、聖教《しょうぎょう》の奥書《おくがき》に、それを書いた年月日を記すとともに、あわせてその時のご自身の年齢を書かれています。このため、これら聖人の著作物の記載から逆算して、聖人がお生まれになった年がわかるのです。

例えば、本願寺に所蔵されている親鸞聖人ご自筆の六字名号には、上下にお名号を説明するために、『無量寿経《むりょうじゅきょう》』の一節などを書いた讃が添えられています。この上部の讃の最後には、「愚禿親鸞敬信尊号《ぐとくしんらんきょうしんそんごう》」（親鸞自ら阿弥陀如来の御名《みな》を敬い信じます）と書くとともに、ご自身の年齢を「八十四歳」として、この時にお名号を書いたことを記されています。また下部の讃の最後には、康元《こうげん》元年十月二十八日と記されています。康元元年は、西暦に換算しますと一二五六年にあたります。

ですから、康元元年＝一二五六年に聖人は八十四歳であったことがわかるのです。

当時の年齢の計算は、今の私たちのように満年齢で数えるのではなく、いわゆる「数え年」で年齢を数えていました。つまり、生まれた年が一歳で、新しく年が代わってお正月が来ると歳が一つ増えるのです。当時の人たちは、正月一日に一つ歳をとることになります。また、出生《しゅっしょう》にあたって役所へ届ける戸籍もありませんので、今の私たちのように誕生日をはっきりと認識していることはほとんどありませんでした。

このような習慣のなかで、親鸞聖人は、六字名号をお書きになった康元元年が数え年の八十四歳ということですから、ここから逆算しますと、西暦で一一七三年の誕生ということになり、和暦（日本の年号）では承安三年ということになるのです。

親鸞聖人の誕生日については、はっきりしたことはわかりません。先ほど述べたように、平安時代は数え年で正月一日に年をとるのが通常ですから、あえて誕生日を意識することがなかったからです。

ところが、江戸時代の中頃になって、親鸞聖人の誕生日が四月一日とされるようになりました。これは、関東の古い記録にあったとして真宗高田派で言われるようになり、この誕生日が徐々に広まっていきました。

また、明治五年（一八七二）まで、日本では太陰暦《たいいんれき》（旧暦、厳密には「太陰太陽暦」と呼ばれる）を採用していました。

太陰暦では、朝、太陽が昇って、夕方、太陽が沈むサイクルを一日とし、さらに月の満ち欠けを一月《ひとつき》として計算していました。月は、毎月一日《ついたち》が月の見えない新月で、十五日が満月となり、その後欠けていくというサイクルです。

ところが、月の満ち欠けと太陽の昇り沈み（実際には地球の自転）で数える一日とでは、ずれが出てきます。私たちが昼間に月を見ることがあるように、必ずしもそれが一致していないのです。このため、太陰暦では大の月が三十日、小の月が二十九日として、一月を数えていました。そして、一年は十二カ月ですから、大の月が六カ月と小の月が六カ月ありましたので、通常でしたら一年が三百五十四日しかなく、一年では十一日足りないということになります。これが三年経つと三十三日足りなくなるので、約三年に一度、閏月《うるうづき》を設けて、その年だけ十三カ月にして調整していたのです。このため、年によって太陰暦と今の太陽暦では、大きく一年の始まりがずれてしまうことになったようです。

明治政府は、当初、従来の太陰暦を採用していましたが、この暦《こよみ》によると明治六年に閏六月ができて、この年は十三カ月となり、国の財政支出が増えてしまいます。そこで、大隈重信《おおくましげのぶ》らは国家財政救済のため、急遽《きゅうきょ》、太陽暦（グレゴリオ暦）を採用することを決定し、明治五年十二月三日を明治六年（一八七三）一月一日としたのです。

本願寺では、この明治政府の方針に則《のっと》り、太陽暦を標準とすることとなり、明治七年（一八七四）に、親鸞聖人の誕生をお祝いする「降誕会《ごうたんえ》」を始めることとしました。そこで、江戸時代に広まっていった親鸞聖人の誕生日の承安三年四月一

親鸞聖人童形像（日野誕生院）

日をもとにしました。そして、今私たちが一年を三百六十五日と四分の一日で生活しているサイクルの太陽暦にあわせて、逆算して計算していったのです。その結果、五月二十一日を親鸞聖人の誕生日としてお祝いするようにしたのです。

こうして私たちは、親鸞聖人が誕生された「降誕会」を機縁として、親鸞聖人の誕生をお祝いし、聖人のご事績に感謝するようになりました。

移り変わる時代

親鸞聖人がお生まれになった承安三年とは、平安時代が終わろうという時期で、それまでの国家体制が大きく崩れ、新たな体制を作り上げようとする、まさに時代が移り変わろうとしていた時です。

延暦《えんりゃく》十三年（七九四）に京都の平安京に都が移されてから、いくつかの政争を経て、藤原氏《ふじわらし》が独裁的に実権を握ると、永らく安定的な時代が続きました。このような安定した時期に、京都の公家たちは法律に則って統治する文官政治《ぶんかん》としての立場を築き上げたのです。このように、平安貴族たちが官僚として国を治めている間は、ある意味では平和な時代でもありました。

十世紀に入ると、関東地方では平将門《たいらのまさかど》の乱が、また瀬戸内海では藤原純友《ふじわらのすみとも》の乱が起こります。さらに、東北地方で繰り広げられていた蝦夷《えぞ》征服から展開して、十一世紀になると、前九年《ぜんくねん》・後三年《ごさんねん》の役《えき》などの戦《いくさ》が繰り広げられるようになります。これらは都から遠く離れた地であったため、平安貴族たちにとって戦はそれほど身近な存在ではなかったようでした。

ところが、親鸞聖人が誕生される十数年前になると、都でも戦がおこなわれるようになっていたのです。

保元《ほうげん》元年（一一五六）の保元の乱に引き続いて、平治《へいじ》元年（一一五九）には平治の乱が起こります。これらの戦は、まさに平安貴族たちの住んでいる京都のなかで繰り広げられました。

この二つの乱は、天皇や天皇を退位した後も政治に関わっていた上皇《じょうこう》をはじめ、それまで摂関《せっかん》政治によって政権を握っていた藤原氏が、それぞれ二つに分かれて主導権争いをおこないました。この実権争いに対して、源氏と平氏という新興の武士が直接対決するという構図となっていました。天皇家と藤原氏は実権を争うなかで、武士たちの持つ武力を借りることとなってしまったのです。このことは、公家の無力化を露呈し、あわせて武士の実力をまざまざと見せつけられるものとなりました。

平治の乱ののち、武力を背景に実力を示した平氏は中央政界に進出し、政治への発言力を増大させ、仁安《にんあん》二年（一一六七）には、平清盛《たいらのきよもり》が、公家の官職としてもっとも高い地位であった、太政大臣《だいじょうだいじん》にまで進みました。このことは、それまで地位が低いとされていた武士が、初めて中央政界のトップに躍《おど》り出たもので、公家が握ってきた地位を武士がとってかわることとなった、軍事クーデターとでも言えるものです。

さらにこの後も、全国的な争乱が繰り広げられるようになります。

平氏の政界進出は、いろいろなところで歪《ひず》みを引き起こすこととなり、それに不満をもつ者が現れてきました。その中心となったのが東日本で兵をあげる源氏でした。

親鸞聖人が八歳の治承《じしょう》四年（一一八〇）には、源《みなもとの》頼朝《よりとも》が関東において挙兵したため、平氏は安徳《あんとく》天皇らとともに京都を逃《のが》れて、福原（現・神戸市）に都を移しました。さらに寿永《じゅえい》二年（一一八三）には源（木曽《きそ》）義仲《よしなか》が京都に入り、そののち戦は西日本へと広がり、全国的な戦乱となっていきました。そして文治《ぶんじ》元年（一一八五）には、一時政権の頂点にあった平氏も、壇《だん》ノ浦《うら》の戦いで滅んでしまいました。これが「源平《げんぺい》の争乱」と呼ばれるものです。

このように次々と繰り広げられていく戦乱に対して、京都の公家たちはなすすべもない状態でした。

この争乱に勝利した源頼朝は、関東の鎌倉に幕府を開き、武家政権を樹立します。このようにして、それまで京都の公家の手にあった政治の主導権は、急に勃興してきた武士によって武力で奪い取られることとなり、その手に移るのでした。

まさに、永らく公家によって維持されてきた社会的秩序は、武力を背景にして実力をもった武士によって、大きく転換されることとなっていくのでした。武士の台頭による京都の公家の没落は、親鸞聖人にとっても決して他人事ではなかったようです。

承安三年に誕生された親鸞聖人は、このように戦乱が繰り広げられ、それまでの価値観が大きく転換されていく時期に、京都で幼少期を過ごされたことになるのです。それは、安定していた公家社会が動揺し、戦によって武力で政権を奪い取るという社会でした。京都の間近で行われる戦とともに、まさにめまぐるしく移り変わる時代の流れを、親鸞聖人は幼い身でありながらも、目の当たりにし、肌で感じておられたことでしょう。

仏教の広がりと死刑停止

平安時代末期、政治的に日本の国が大きく変わろうとしていた頃、仏教はどのようになっていたのでしょう。

飛鳥時代の六世紀に中国大陸から仏教がもたらされて以来、蘇我氏《そがし》や天皇家らが積極的に仏教を受け入れるようになり、大和国《やまとのくに》（奈良県）の飛鳥《あすか》地方を中心に各地で寺院が建立されていきました。

また、日本では、七世紀の末期に中国の制度を導入して、国家の制度や運営方法を定めた法規を創りました。これが律令《りつりょう》制度です。

このように日本で律令制度が整備されると、それにあわせて仏教もさらに積極的に導入されていきました。

そのようななか、中国において創り出された考え方として、仏教が国を護るとされる「護国《ごこく》思想」がありました。護国思想が日本に持ち込まれると、その効力を期待することとなりました。そして、七世紀の後期になると積極的にこの考え方が取り入れられ、仏教によって国を鎮《しず》め護ることができるという「鎮護国家《ちんごこっか》思想」が隆盛するのです。この考えを実践するために、各国ごとに国分寺《こくぶんじ》と国分尼寺《こくぶんにじ》が建立され、さらに奈良の平城京には、その総寺として東大寺と法華寺が創建されたのです。

八世紀末期に都が奈良から京都に移されても、朝廷では仏教に対する期待と信頼感は継続され、天皇や藤原氏によって都の内外にお寺が建立されました。その典型的なものとして、平安京の東の外（現在の京都市左京区岡崎）に、「勝」という字が付けられた六つのお寺の「六勝寺《ろくしょうじ》」が建てられました。

このように、奈良時代から平安時代にかけて、朝廷では仏教に対する期待が非常に高かったことがわかります。

七世紀末期に日本で律令制度が導入されると、そのなかで犯罪者の刑罰についても定められました。この時、鞭《むち》打ち刑や都から離れた地に流すという流罪《るざい》などとともに、死刑についても定められたのです。

それから後の平安時代初期、藤原仲成《ふじわらのなかなり》は、妹の藤原薬子《ふじわらのくすこ》とともに、病気で天皇を退位していた平城上皇《へいぜいじょうこう》を再び復位させて、政権を取ろうと企《くわだ》てました。ところが、この企図《きと》は事前に発覚してしまい、大同《だいどう》五年（八一〇）藤原仲成は捕らえられて射殺《いころ》されてしまいました。

この政変にあたって、政権を守った嵯峨《さが》天皇は、弘仁《こうにん》九年（八一八）になって、盗みを犯した罪人については死刑を停止すると定めました。この時に刑をゆるめたことで、一般的な死刑も事実上停止されるようになり、それ以来朝廷では死刑が判決された場合でも、刑一等を減じて、遠流《おんる》（流罪のなかでも最も重い刑罰）に処せられるのが慣例とされたのでした。

嵯峨天皇がなぜ死刑を停止したのかについては、いろいろな説が挙げられています。そのなかで有力とされるものが、奈良時代以来朝廷において重視されてきた、仏教の広まりというものがあるのです。

元来、仏教の教えのなかには、生き物の命を尊重してむやみに殺さないという「殺生禁断《せっしょうきんだん》」の考え方があります。奈良時代に貴族のなかに受け入れられた仏教は、平安時代になってさらに広まり尊重されていきました。そのようななかで、仏教における殺生禁断の思想が受け入れられていきました。その後、平安貴族の間ではさらに仏教が広まり、このような考えが定着していったものとされるのです。

ところが、平安時代の中期を過ぎると徐々に世の中が乱れ、社会的不安が募《つの》っていきました。そのような社会の動揺にあわせるように、末法《まっぽう》の考え方が受け入れられていくこととなりました。

末法になると、仏教も少しずつ貴族の間でその効力が薄れていくようになりました。そのような流れのなかで、平安時代の後期には京都の市中においても戦が繰り広げられるようになり、死刑停止の考え方が薄れていくのです。そして、保元の乱では武士が斬首《ざんしゅ》され、さらに平治の乱においては、公家出身の藤原信頼《ふじわらののぶより》が朝廷内の審議を経て処刑されたのでした。ここに、永く続いた死刑停止の風潮が中断し、死刑が復活したのです。

親鸞聖人が誕生された平安時代末期とは、政治的に時代が移り変わりつつある時期でしたが、約三百五十年続いた死刑停止が終りを告げた時期でもありました。社会の変動とともに、まさに仏教に対する受けとめ方も変わりつつあった時期と言えるでしょう。

繰り返す災害

親鸞聖人が幼少期を京都で過ごされていた頃、京都をはじめ各地で戦乱が繰り広げられていました。ところがこの頃は、諸国でしばしば飢饉《ききん》が起こり、たくさんの人が飢え死《うじ》にしました。また京都では、火災や地震の被害が繰り返されていました。

そこで、聖人が誕生された承安三年前後の災害について、京都を中心に見てみましょう。

親鸞聖人が誕生される少し前の久寿《きゅうじゅ》二年（一一五五）六月には、天候不順などが原因で、全国各地で飢饉が起こっています。また、聖人が出家された養和《ようわ》元年（一一八一）にも、諸国において飢饉が起こり、この年の四月には京都の町中の道路に餓死《がし》者が満ちあふれていました。

そしてこの頃、京都では頻繁《ひんぱん》に火災が起こっていたようです。

仁安《にんあん》元年（一一六六）の十二月一日には京都で大火が起こり、千軒余りの家屋が焼けてしまいました。その二年後の仁安三年の二月十三日にも、京都で大火が起こっています。この時には人家が三千軒余りも焼失してしまったようです。このような大火では、命を落としたり住む家を失った人のほとんどが、一般の民衆でした。

さらに、治承《じしょう》元年（一一七七）の四月二十八日に起きた京都大火では、国の政治や事務が執り行われていた平安京の大極殿《だいごくでん》や朝堂院《ちょうどういん》など、左京（京の東半分）の三分の一が焼失してしまい、死者が数千人に及んだことを、法然聖人の門弟としても知られる九条兼実《くじょうかねざね》が、自身の日記『玉葉《ぎょくよう》』に書き残しています。

このような飢饉や火災に際しても、多くの庶民が犠牲となったようです。寿永《じゅえい》元年（一一八二）に起きた飢饉による被害の惨憺《さんたん》たる様子を、京都近郊の大原や日野に隠棲《いんせい》したことでも知られる鴨長明《かものちょうめい》は、その著書の『方丈記《ほうじょうき》』に記しています。

前年から起きた天候不順により、この年の春と夏には日照りが続き、秋には大風や洪水が起きたため、ほとんど収穫ができず、諸国の民衆は土地を捨てて山に逃れたということです。飢え死ぬ人はその数が知れないほどにのぼったようで、餓死者は全国で数万人に及んだともいわれています。

京都の町中に満ちあふれる多くの死者を見て悲しんだ、仁和寺《にんなじ》の隆暁法印《りゅうぎょうほういん》は、死者の顔を見るたびに、その額の一つ一つに梵字《ぼんじ》（古代インドで使われた字体で、サンスクリット語を表すのに使用される文字）の「阿《あ》」と書いていったそうです。真言宗では、梵字の「阿」は功徳がたいへん深い名号とされています。この時、隆暁が書いた数は、四月と五月のわずか二カ月間に、左京だけで四万二千三百人以上に及んだとされています。

仁和寺とは、平安時代の前期に光孝《こうこう》天皇の発願《ほつがん》によって創建され、その遺志を受け継いだ宇多《うだ》天皇が諸堂舎の整備を行った、真言宗の寺院です。創建の時以来天皇家との関係が深く、天皇の皇子などが入寺したことから「御室《おむろ》」と呼ばれ、門跡《もんぜき》寺院の最初とされます。このような天皇家との関係から、仁和寺では平安時代から鎌倉時代にかけて、国家の安定を祈願することに重点をおいていました。

隆暁は、そのような仁和寺で法印という地位を認められた僧侶でありながら、町中にあふれていた名も知れない多くの死者を見るに堪えられなかったため、このような行為に及んだようです。

また『方丈記』には、この頃に大地震が頻繁《ひんぱん》に起きていることも記されています。特に文治《ぶんじ》元年（一一八五）七月九日に京都を襲った大地震では、多くの被害が出たようで、山は崩れて川を埋め、地割れが起こり、いたるところのお寺の堂舎に被害をもたらしました。長明は、この地震の被害について尋常ではないと感想をもらしています。そしてこの地震による余震は三カ月間も続いたそうです。

この頃の災害の様子を長明は「濁悪世《じょくあくせ》」と表現して、世のはかなさを嘆いています。

濁悪世とは、劫濁《こうじょく》・見濁《けんじょく》・煩悩濁《ぼんのうじょく》・衆生濁《しゅじょうじょく》・命濁《みょうじょく》という五つの濁《にご》りが世の中にはびこり、人心《じんしん》がけがれて、悪が満ち満ちている悪い時代とされます。このような世の中は、まさに末世《まっせ》とも呼ばれ、仏法が衰え修行もすたれた末の世と考えられていたようです。

このように災害がうち続いていたなかで、親鸞聖人は生まれ、京都で過ごされたのです。聖人は、身近なところで繰り返される災害によって、被害を受けた庶民の悲惨な状況を経験されていたのではないでしょうか。

末法の世としての実感

京都をはじめ各地で戦が繰り広げられるとともに、自然環境も異変が続き、人びとが命を落としていった様子を見て、多くの人は「末法《まっぽう》の世《よ》」を実感していったようです。

仏教では、お釈迦さま入滅《にゅうめつ》後に仏教が衰微していくさまを、正法《しょうぼう》・像法《ぞうぼう》・末法の三時で表します。初めの千年間は正法として、教《きょう》（仏の教法）と行《ぎょう》（実践）と証《しょう》（さとり）の三つがすべてそなわっており、仏教が栄えるとされ、その後の千年間は像法として、教と行の二つは存在するが証のない仏教が広まるとされ、さらにその後、末法に入ると教のみがあって行と証がない時代となり、仏教が廃れると考えられていました。そして、末法は一万年続くとされたり、あるいは五十六億七千万年後に弥勒菩薩《みろくぼさつ》が出現して、再び仏教によって世の中を救うと考えられていました。親鸞聖人が誕生された頃、このような末法思想が広く信じられていました。

末法に入る年についてはいろいろな説がありましたが、親鸞聖人は後年、『教行《きょうぎょう》信証《しんしょう》』のなかで、元仁《げんにん》元年（一二二四）は末法に入ってすでに六七三年が経過した年にあたると記されています。これは正法五百年の説に立たれているためですが、この年から逆算すると、末法に入ったのは飛鳥時代より前の五五二年になりますので、親鸞聖人はその考えを採用しておられたようです。

平安時代中期から、一般には永承《えいしょう》七年（一〇五二）から末法に入るとするのが有力とされ、末法の世になると仏教の力では安定した世の中を保つことができないと、考えられていました。このため世の中が乱れ、各地で戦乱が繰り広げられ、天変地異が起こり、人びとの生活が脅《おびや》かされるようになると考えられたのです。

親鸞聖人が誕生された平安時代の終わりは、戦や天変地異が続く状況にありましたので、多くの人びとはまさに末法の時代と実感したようです。このため、現世には安らかな生涯が期待できないとし、せめて来世においては極楽浄土に往生したいと願う人が増えていきました。

　このように浄土への意識が高まるなかで、いろいろなところに浄土の存在を求めていったようです。西方《さいほう》には阿弥陀如来の極楽浄土があることは、よく知られています。ところが、それ以外にも浄土が説かれています。例えば、観音菩薩の浄土は南方補陀洛山《なんぽうふだらくさん》にあるとされ、また東方《とうぼう》には、薬師如来の浄土として瑠璃光《るりこう》浄土があると、経典に説かれています。

　来世における浄土への憧《あこが》れが高まるなかで、この三方がまとまって存在すると考えられたのが、紀伊《きい》（和歌山県）の熊野三山《くまのさんざん》でした。

　京都の地から南に行くと、紀伊半島の南端辺に那智《なち》（現・那智勝浦町）がありますが、そこからさらに南に向かうことにより、南方の補陀洛浄土にある観音菩薩の世界に行けると考える者が出てくるのです。

　十一世紀末に、熊野那智の僧が補陀洛に向け渡海《とかい》したことを、園城寺《おんじょうじ》の僧・覚《かく》宗《しゅう》が藤原頼長《ふじわらのよりなが》に語った話が伝わっています。この僧は、小舟に乗り北風に煽《あお》られて南方へと船出し、そのまま帰ってこなかったそうです。そのため、この僧が観音の浄土に辿《たど》り着いたと人びとに信じられたそうです。

このような来世への憧れのなか、平安時代の中頃から鎌倉時代初めにかけて、天皇や上皇たちがこぞって熊野に詣《もう》でることが流行《はや》っていったのです。

末法思想が隆盛するにしたがい、来世での浄土への願いは高まります。なかでも特に、西方極楽浄土の阿弥陀如来の信仰が隆盛していきました。

このような潮流のなか、親鸞聖人も浄土信仰を意識していかれたのかもしれません。しかし聖人は、単なる来世主義ではなく、仏教の真実として往生浄土の道を明らかにし、現世における阿弥陀如来への信心と念仏を大切にすることを説かれたことが、特に重要だったといえるでしょう。

日野家の系譜

親鸞聖人の出自《しゅつじ》については、本願寺第三代覚如《かくにょ》上人が、親鸞聖人の生涯をまとめた『御伝鈔《ごでんしょう》』の冒頭に詳しく記されています。

これによると、親鸞聖人は日野有範《ひのありのり》の子として誕生されたことがわかります。つまり、聖人は日野家の出自となるのです。そして、さらにここからさかのぼっていくと、日野家は藤原氏の流れを汲《く》んでいることがわかります。

藤原氏とは、天児屋根尊《あまつこやねのみこと》から出た氏族《うじぞく》とされ、ここから数えて十一世の子孫に鎌足《かまたり》がいます。

鎌足は、もとは中臣《なかとみ》氏で、大化《たいか》元年（六四五）に乙巳《いっし》の変《へん》によって、中大兄皇子《なかのおおえのおうじ》を助けて蘇我《そが》氏を倒し、「大化《たいか》の改新《かいしん》」と呼ばれる政治改革を進めていった重要な人物です。その後「藤原」と氏名《うじな》を改めて、政治の中心に躍り出て

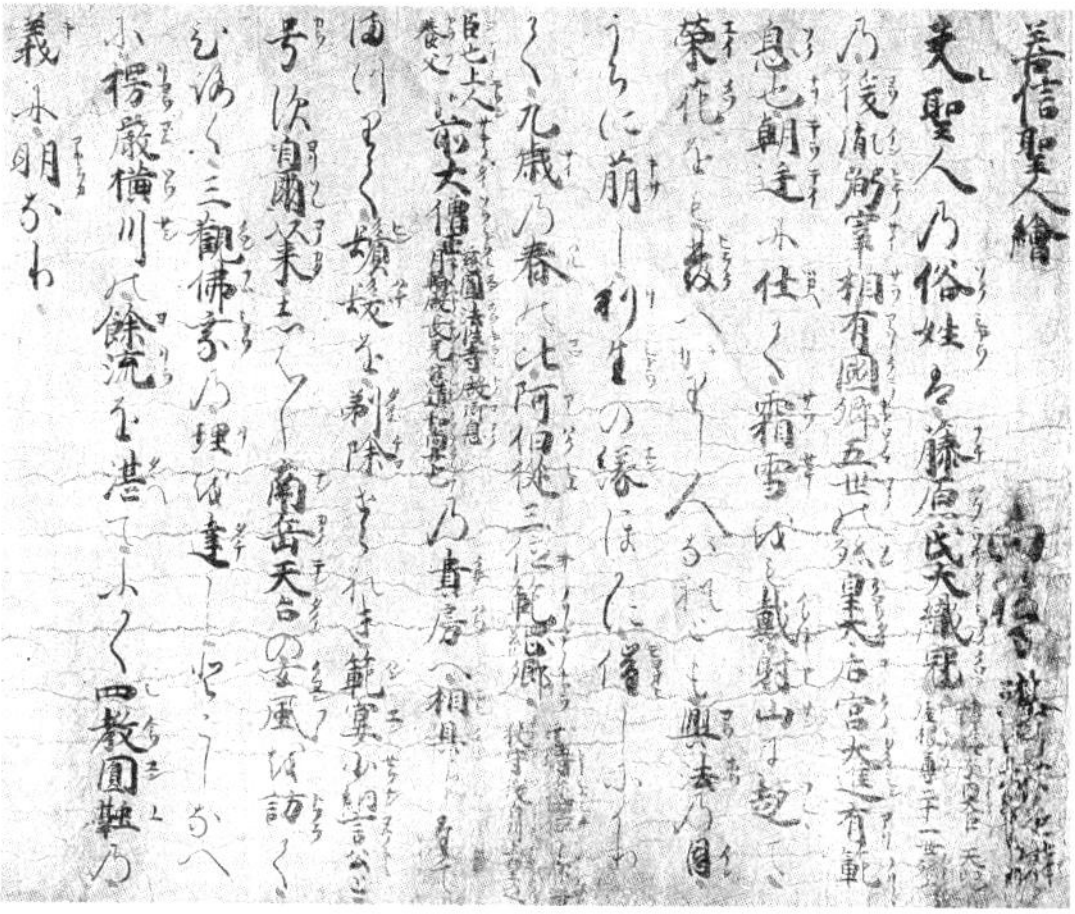
善信聖人絵

「善信聖人絵」（琳阿本／本願寺蔵）

きました。

そして、鎌足の子が不比等《ふひと》で、奈良時代になると娘の光明子《こうみょうし》を聖武《しょうむ》天皇の皇后《こうごう》にして、政治的に重要な役割を果たしました。

不比等の子の房前《ふささき》は、藤原氏北家《ほっけ》を立て、その後は真楯《まだて》、内麿《うちまろ》と受け継がれていき、内麿の長男が真夏《まなつ》で日野家の祖とされます。ただ、実際には真夏から後の、平安時代中期に資業《すけなり》が日野の山荘に法界寺《ほうかいじ》を建立したことから、日野と名乗るようになりました。

なお、真夏の弟で内麿の三男にあたるのが冬嗣《ふゆつぐ》で、平安時代の初めに嵯峨天皇の近くに仕えてその信任を得て、地位を上昇させていきました。その子良房《よしふさ》は、さらに天皇家に近い存在となり、娘が生んだ惟仁《これひと》親王を即位させて清和《せいわ》天皇とし、臣下で初めて天皇を補佐する摂政《せっしょう》に就任して、朝廷内の実権をにぎったのです。

以来、冬嗣の子孫は天皇家と姻戚《いんせき》関係を結ぶなどして、摂政と関白《かんぱく》につぎつぎと就《つ》いて実権を確かなものとし、平安時代中期には、道長《みちなが》・頼通《よりみち》父子に代表されるように、摂関政治の中心的立場を着実に築き上げ、栄耀栄華《えいようえいが》を誇ったのでした。

こうして冬嗣の流れをくむ藤原氏は、平安時代から鎌倉時代にかけて絶大な権力を誇示しました。冬嗣とその子孫は、日野家の祖である真夏の弟の流れでありながら、時代をうまくとらえ、藤原氏の本流となって政治の表舞台に躍り出て、歴史の一時代を創り上げたのでした。

これに対して、真夏の流れをくむ日野家は、政治的にはそれほど大きな存在とはなりませんでした。藤原内麿の三男の冬嗣が政治の世界に進出していったのに対し、その長男にあたる真夏は、従三位参議《じゅさんみさんぎ》という官位を受けています。これは、地位的には中級公家で、政治の世界ではほとんどその名前を見ることができません。また、その子孫についても、政治面で平安時代には表舞台にその名が登場することはありません。

それでは、日野家とはどのような家系だったのでしょうか。

真夏以降の日野家の人びとをたどっていきますと、真夏の曾孫《ひまご》の弘蔭《ひろかげ》は平安時代中期の人で、「大学頭《だいがくのかみ》」に就いています。さらにその四代後の広業《ひろなり》は「文章博《もんじょうはか》士《せ》」という地位に就いています。その後の日野家は、このような文章博士や大学頭に就く人が多くみられます。

文章博士とは、もともと大学寮の筆頭教官で、大学寮において漢文学や中国史を教授・研究することを職務としていました。文章博士に就くことになっていた家は、平安時代の中期までは菅原《すがわら》氏や大江《おおえ》氏に限られていましたが、それ以降には日野家なども加わり、五家が占めるようになりました。

このように平安時代中期を過ぎると、日野家は文章博士や大学頭として国家の学問の家となっていったのでした。

さらに日野家は、文章博士や大学頭に就任しつつ、歌人の家系としても名が知られていたようです。

先にあげた弘蔭は歌人としても著名な人物で、広業の弟の資業《すけなり》は、天暦《てんりゃく》五年（九五一）に編纂《へんさん》が始められた『後撰和歌集《ごせんわかしゅう》』や、応徳《おうとく》元年（一〇八四）に編纂が着手された『後拾遺《ごしゅうい》和歌集』などの勅撰《ちょくせん》和歌集に、和歌が収められています。その後室町時代の初めまで、代々歌人を輩出しています。

つまり、親鸞聖人の出自である日野家は、平安時代の中期に栄華を誇った藤原氏と祖先を同じくしながらも、政治的に活躍するのではなく、学問に重きをおいて、漢文学や歌道などを専門として朝廷に仕えていた家系だったのです。

【藤原氏略系図】

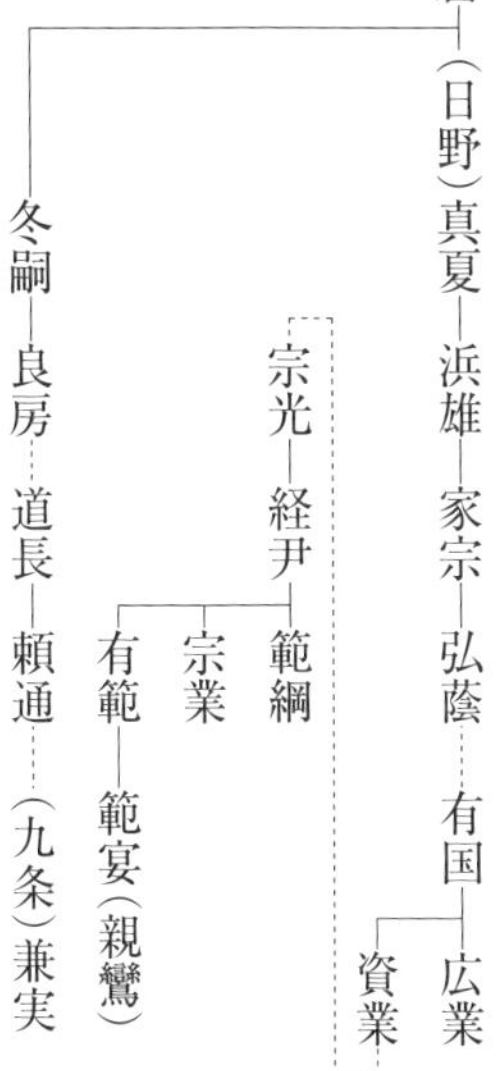

日野家の流れをくむ親鸞聖人

それでは、親鸞聖人は藤原氏から出た日野家の系譜のなかで、どのような流れになるのでしょうか。

藤原氏の本流から分かれた真夏の孫にあたる家宗《いえむね》は、平安時代の初めの貞観《じょうがん》十九年（八七七）に没しました。家宗は、没する前に日野の地に法界寺《ほうかいじ》を創建し、日野の地と関係をもったとされていますが、史料的にはそれを確認することはできません。その後、真夏の六代目の有国《ありくに》の五男資業《すけなり》が「日野三位《さんみ》」と号し、以降この系譜は「日野」を家の呼び名としました。こうして後世、資業からさかのぼって真夏を日野家の始祖とするようになったようです。なぜ資業は日野と呼ばれるようになったのでしょう。

日野の地は、現在は京都市伏見区になっていますが、平安京から見ると南東の方角にあります。この辺りは、平安時代の初め頃から平安貴族にとって、墓所を営む地と意識されるとともに、風光明媚《めいび》なところから遊興の場でもありました。

日野の南方で、現在では宇治市に入っている木幡《こはた》と呼ばれる地は、九世紀後半に藤原基経《もとつね》によって藤原氏一門の埋葬の地と定められました。このためそれ以来、藤原氏や天皇のもとに嫁《か》した娘たちの墓所が営まれました。そしてこの藤原氏の墓域のほぼ中央には、寛弘《かんこう》二年（一〇〇五）に藤原道長《みちなが》によって、一族の供養のために浄妙寺《じょうみょうじ》が創建されました。

さらにその南の宇治の地は景勝地であったため、藤原氏などが別荘を営み、しばしばここを訪れました。有名なものとしては、長徳《ちょうとく》四年（九九八）に源融《みなもとのとおる》によって、宇治川が山間から平野部に流れ出たところの左岸に創建された、「宇治院」と呼ばれる別荘があります。この別荘は、その後藤原道長が譲り受け、これを「宇治殿《どの》」と称しました。

このように平安貴族たちは、宇治川の景勝地周辺を好み、しばしば避暑や紅葉見物に訪れていたことが記録からわかります。

なお、宇治殿は、道長の死後その子の頼通《よりみち》に相続され、末法に入ると考えられていた永承七年（一〇五二）に、寺院に改められました。これが現在の「平等院《びょうどういん》」です。

藤原氏の本流が葬送の地と定めた木幡の北に隣接しているのが日野の地で、資業もここに別荘を営み、さらに日野家のための寺院を整備したのです。

資業の曾孫にあたるのが実光《さねみつ》という人物です。実光は、日野家としては初めて権中納言《ごんちゅうなごん》という官職に進み、「日野中納言」と呼ばれました。このことから、実光の系譜が日野家の本流となっていくのです。

そして、実光の子孫にあたる日野家は、その後の鎌倉時代末期になると、鎌倉幕府を倒して建武の新政を実現する後醍醐《ごだいご》天皇を支援し、さらに室町時代になると、室町幕府の足利《あしかが》将軍家代々と姻戚関係を結びながら発展していくのです。このなかから出た有名な人物として、八代将軍足利義政《よしまさ》の妻となった日野富子《とみこ》がいます。

日野家としては、実光の時に権中納言に進んだのが最高位とされ、公家社会では中級クラスと言えるでしょう。

しかし、このような日野家の系譜のなかで、親鸞聖人が出た日野家は、実光の弟の宗光《むねみつ》の流れにあり、親鸞聖人の父・有範は宗光の孫にあたりますが、その兄弟のなかで三男になります。

つまり、親鸞聖人の父・有範は、日野家のなかでも本流ではなく傍流《ぼうりゅう》になり、さらにその傍流の長男ではない傍系ということになります。

また、真宗高田派の本山専修寺《せんじゅじ》に所蔵されている「日野氏系図」で有範の父とされる経尹《つねまさ》について、他の史料では「放埒人也《ほうらつにんなり》」と註記されています。これは、勝手気ままな人という意味で、当時の社会においてその行動が一般的に受け入れられない存在ということであったようです。

親鸞聖人が誕生された日野家とは、公家としての地位はそれほど高いものではなく、そのなかでも傍流でもあったことから、聖人自身も公家としては出世が保証されていたわけではなかったのです。さらに祖父の経尹が社会に受け入られることが難しい存在であったこともあり、その立場は決して安定したものとは言えなかったようです。

日野家と法界寺

藤原氏の流れをくむ日野家が「日野」と名乗るようになるのは、日野家が領有していた日野の地に法界寺を建立したことで、この地とさらに深く関わりをもつようになったためでした。

それでは、日野家の名乗りの由縁ともなった法界寺とは、どのような寺院なのでしょうか。

第八代蓮如上人の十男・実悟《じつご》がまとめた『日野一流系図《ひのいちりゅうけいず》』によると、藤原真夏の孫で、貞観十九年に没した家宗のところに、「日野法界寺創建也《そうけんなり》」と記されています。これによると、平安時代の初めに家宗が日野の地に法界寺を創建したことになっています。ところが、この頃に法界寺が創建されていたかどうかはわかりません。

そして、同じ系図のなかで、家宗より五代後の資業のところには、法界寺を建立し、このことから資業は「日野三位」と号したとされています。つまり資業が実質的に日野家を名乗るようになったのです。

また資業は、日野家の本職でもある文章博士を務めていました。このため、書物を集めて日野に文庫を開き、これを「法界寺文庫」と称したとされています。ただこの時集められた書物は、その後の兵火によって焼失してしまったようで、残念

【日野家略系図】

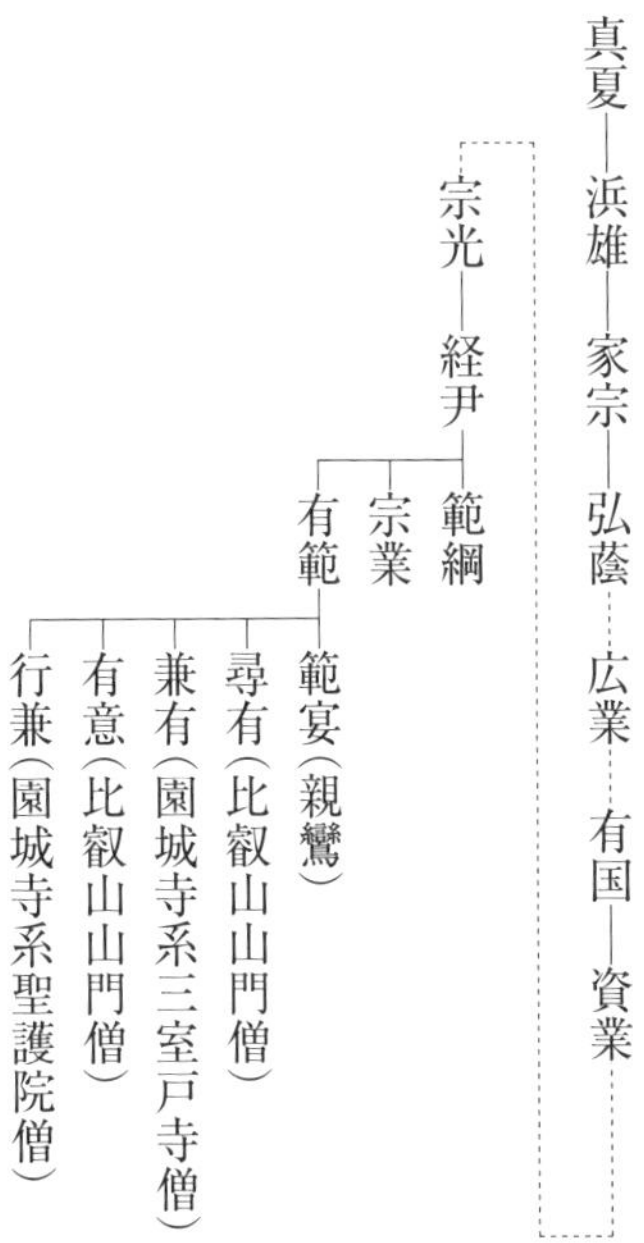

ながら現在ではまったく伝わっていません。

資業は、日本で末法に入るとして有力視されていた年の前年にあたる永承六年（一〇五一）に出家し、日野に薬師堂を建立しました。そして先祖伝来の薬師如来の小像を胎内に納めた薬師如来像を安置して、これを法界寺としました。

奈良時代から平安時代中期までは、貴族たちは仏教に特別な力を期待しました。特に、薬師如来はその効力で疫病や外敵などといった災いから守ってくれるものと考えられていましたから、寺院を建てるとしきりに薬師如来像を本尊として安置しました。資業も、創建当初の法界寺には薬師如来を安置したようです。このためその後も法界寺は、「日野薬師」と呼ばれました。そして、資業の子の実綱《さねつな》と実政《さねまさ》の時に、観音堂などが創られました。

資業が延久《えんきゅう》二年（一〇七〇）に没する前後には、法界寺に阿弥陀堂が築かれ、阿弥陀如来像が安置されました。そしてその後、大治《だいじ》五年（一一三〇）までの間に、日野家やその一族によって法界寺には五体の阿弥陀如来像が次々と造られ安置されていたことが、記録からわかります。

これら五体の阿弥陀如来は「丈六《じょうろく》阿弥陀像」と呼ばれるもので、立った高さが一丈六尺（約四・八五メートル）で、坐像《ざぞう》の場合はその半分の大きさとされます。

このようにわずか六十年の間に、日野家の一族によって丈六の阿弥陀如来像が造られたのは、永承七年から末法に入ったとされたことにより、阿弥陀如来の極楽浄土に対する信仰が高まったことを反映したものなのです。

なお、これらの阿弥陀堂は、承久《じょうきゅう》三年（一二二一）の兵火によって、ほとんどが建物とともに焼失してしまいました。現在唯一残る阿弥陀堂（国宝）は、嘉禄《かろく》二年（一二二六）に、法然聖人の門弟でもあった聖覚《せいかく》によって再興されたものと伝えられています。

現在、法界寺に残る阿弥陀如来像（国宝）は、平等院の阿弥陀如来像とほぼ同じ大きさの坐像で、像の高さが二・八メートルと、まさに丈六の阿弥陀像となります。この像が、日野家の一族によって造られた五体の阿弥陀如来像のどれに当たるものかはわかりませんが、そのうちの一つであることは間違いありません。

このように法界寺は、平安時代後期に日野家の本流によって創建されたため、日野家一族の氏寺《うじでら》という性格にあり、多くの阿弥陀堂が造られていったのでした。

日野の地は、日野家と深い関わりを持ったところですが、日野家の人びとは、朝廷に仕える立場にありました。このため、平安京から離れた日野の地は、必ずしも普段の生活の場というわけではなかったようで、藤原氏の本流にとっての宇治や木幡の地と同じように、山荘を営んだり、先祖の菩提《ぼだい》を弔《とむら》うための氏寺を建てたところであったようです。

親鸞聖人がこの日野の地で誕生されたかどうかは定かではありません。ただ、聖人が誕生された頃は源平の争乱が起こり、京都の市中では戦乱や災害が繰り返されていた時期でした。そこで聖人は、このような京都の地を逃れて、幼少期を日野で過ごされたとしても無理はありません。そのようななかで、丈六の阿弥陀如来像が安置されていた法界寺を身近にしておられたとすれば、その後の聖人の思想形成に大きな影響を与えたものと考えられるのではないでしょうか。

親鸞聖人の父母

『御伝鈔』によると、聖人の父は「皇太后宮《こうたいごうぐうの》大進有範《だいしんありのり》」（『註釈版聖典』一〇四三頁）とされています。皇太后とは、元々は皇后《こうごう》であった人が、天皇の退位に伴って皇后の位を退いた人のことです。その皇太后の日常についての事務を担当する役所が皇太后宮で、その役所の第三番目のポストが大進ということになります。皇太后宮大進は、朝廷の役職としては、それほど高いものではなかったようです。

親鸞聖人は、治承《じしょう》五年（一一八一、七月に養《よう》

法界寺（阿弥陀堂）

和《わ》と改元）に九歳で出家されますが、出家に際しては、聖人の伯父で有範の兄にあたる日野範綱《のりつな》に導かれました。範綱について『御伝鈔』には「養父」と記されていますので、親鸞聖人は伯父範綱の養子となっていたことがわかります。このことから、聖人は九歳になるまでの間に、父から養育を受けることができない状態にあったものと考えられます。

さらに「日野一流系図」によると、聖人の四人の弟のうち二人についても範綱の養子になっていたとされており、聖人を含めた有範の五人の子どもたちは、すべて出家して仏門に入っています。つまり有範は早い段階で、幼少の子どもたちを自身のもとで養育することができなくなっていたものと考えられます。

同じく「日野一流系図」には、有範自身についても、出家して三室戸大進《みむろど》と名乗ったと記されています。三室戸とは、日野の地よりやや南にある宇治に近い場所で、三室戸寺《みむろとじ》（現・宇治市）周辺のところでしょう。有範は、聖人が幼少のうちに朝廷に仕える役職から引退した後出家して、都から離れた三室戸において隠棲《いんせい》生活を送っていたようです。

それではなぜ、有範は、聖人が出家する以前に皇太后宮大進という地位を引退していたのでしょうか。

この時期の皇太后とは、後白河法皇《ごしらかわほうおう》の后《きさき》の藤原忻子《ふじわらのきんし》と考えられます。

有範が引退した時期の後白河法皇は、実権を握った平清盛《たいらのきよもり》によって鳥羽殿《とばどの》（現・京都市伏見区）に幽閉《ゆうへい》されたり、京都から連れ出され福原に移されたりしていました。このようななかで、皇太后の藤原忻子もその地位が不安定となり、有範も役職に就き続けることが難しい立場になっていったのではないでしょうか。

また、聖人の弟で有範三男の兼有《けんう》が、父の中陰《ちゅういん》に際して『無量寿経』に返り点や送り仮名を施したものの写しが、現在も本願寺の蔵に残されています。このことは、有範が亡くなった時は、すでに兼有が『無量寿経』の内容を理解できるだけの年齢に達していたことを物語るものですから、有範は子どもたちがある程度の年齢に達するまで存命していたことがわかります。

親鸞聖人の父についてはいくつかの記録に記されていますが、母については確かな記録が残されていません。

先にも挙げました「日野一流系図」には、聖人のところには「母」とのみ記されているだけで、実際の名前や出自については書かれていませんので、戦国時代には、すでに聖人の母についてはわからなくなってしまっていたようです。このため江戸時代になると、聖人の母は源氏の出身の女性で、その名を「吉光女《きっこうにょ》」、または「貴光女《きっこうにょ》」と言ったとされるようになります。そして、さらにそれが具体的になり、平安時代の後期に武将として名声をあげた、清和《せいわ》源氏の流れを汲む八幡《はちまん》太郎義家《よしいえ》の子の源《みなもとのよしちか》 義親の娘である、とされたりしました。

親鸞聖人が承安三年（一一七三）の誕生であることははっきりしていますので、天仁《てんにん》元年（一一〇八）に没した源義親の娘が承安三年に子を生むということは、かなり無理があります。

聖人にもお母さんがいたのは当然です。しかしその存在がわからないため、人びとはそれを追い求め、より具体的な姿を望んでいったのでしょう。そしてそれは、時として特別な人物であるかのように意識されたこともあったのかもしれません。しかしこれらは、後世作られた伝承にすぎないのです。

ただ言えることは、聖人の四人の弟にも母の名前は書かれていませんので、兄弟はともに同じ母であったと考えられます。

幼くして父から養育を受けることができなくなったという厳しい環境にあった親鸞聖人ですが、いろいろな人びとによって確かに育まれていたことでしょう。

第二章　青年期の苦悩

出家得度の理由

『御伝鈔』によると、聖人は九歳の春に出家されています。聖人九歳の年とは、治承五年（一一八一）にあたります。聖人は出家にあたって、伯父の日野範綱に付き添われて行ったとあり、この時、聖人は慈円《じえん》について出家されました。聖人がなぜ、九歳という年齢で天台宗の慈円のもとで出家されたのかについては、確かな理由はわかっていません。そこで「日野一流系図」から、聖人を取り巻く人びとをみてみましょう。

先に述べたように、親鸞聖人は伯父の範綱に付き添われて出家したということですから、聖人の父・有範は聖人を養育する立場になかったようで、有範は聖人がまだ幼少の時に出家して、「三室戸大進入道」と号したとされますから、天台宗の三室戸寺との関わりがあったと考えられます。

では、聖人の四人の弟はどうでしょうか。まず尋有《じんう》は、比叡山東塔《とうどう》東谷《ひがしだに》の善法《ぜんぽう》院《いん》の院主を務めるようになりました。次の兼有《けんう》は、天台宗の寺門《じもん》派に属する園城《おんじょう》寺《じ》(現・大津市)と深い関係のある京都の聖護《しょうご》院門跡《いんもんぜき》の門人となって、三室戸寺に住みました。そして有意《ゆうい》は、比叡山の僧侶となり、最後の行兼《ぎょうけん》は、聖護院門跡の門人として、兄・兼有の弟子となったとされています。

このようにみていきますと、父の有範以来、天台宗と縁があり、また京都に比較的近いことから、聖人も天台宗の僧侶となられたのでしょう。しかし幼少の聖人は、父の保護を受けることができなくなり、伯父の範綱に養育されていました。世俗の出世は困難な状況にあり、僧侶への道に進まれたのでしょう。ただその頃、僧侶になるには、世俗においてある程度の活躍をした後などに、自分自身で勝手に仏門に入ったと主張する「入道《にゅうどう》」という場合と、国家によって認められた寺院に所属して、国家の管理下で生活が保障された僧の「官僧」とがありました。親鸞聖人が出家して天台宗の僧侶になったということは、官僧という立場であったことがわかります。

聖人が出家された頃の比叡山延暦寺などの大寺院は、国家によって認められた寺院でした。仏教は、日本に伝来して以降、中国大陸の先進文化の一つとして認識されてきました。このため寺院では、このような先進文化を理解するために経典を研究する場としての役割をもっていました。さらにそこにいる僧侶は、そのような中国大陸の文化を研究する技能者とも考えられていました。例えば比叡山は、仏教の総合学問所としての役割ももっていたのです。

一方で、国家はことあるごとに国を鎮《しず》め護るため祈禱《きとう》をするよう寺院に命じることで、「鎮護国家思想」の使命を果たす存在として寺院を考えていったのです。このため、寺院は国家の重要な機関とされ、またそこにいる僧侶は国家によって管理される存在となったのでした。つまり、寺院と僧侶は国家にとって重要な役割を担っていると考えられていたのです。

また、この頃の大寺院は、天皇や貴族といった特定の人によって創建されたものでした。ですから寺院とは、一部の権力者や支配者のために存在しているという考え方が強かったようです。このため、天皇を中心とした権力者の世を維持していくことが国を護ることと考えられており、これが寺院の役割とされていました。このようなことから、この頃の仏教が一般庶民のための個人的な心の救済に関わることは、ほとんどなかったようです。

親鸞聖人が出家された頃には、まだ法然《ほうねん》聖人の専修《せんじゅ》念仏も広まっていませんでしたので、聖人は国家に認められた寺院に属する官僧になられたのでしょう。

こうしてまだ数え年で九歳という幼少の聖人は、伯父の日野範綱に伴われて、既存の天台宗において出家し、天台僧となったのです。その後、比叡山において修行を続けるなかで、聖人は仏教の本来の役割などを正面から考え、仏教の果たすべき道について悩んでいかれたのではないでしょうか。

得度の戒師・慈円

『御伝鈔』によると、親鸞聖人の出家は、「前大僧正《さきのだいそうじょう》の貴坊《きぼう》」(『註釈版聖典』一〇四三頁)において行われたとされています。さらにこの「前大僧正」について「慈円《じえん》慈鎮和尚《じちんかしょう》」（『同』）と注記されています。

聖人の出家を取り仕切った慈円とは、平安時代の末期に政治の中心的立場でもある摂政《せっしょう》や関白《かんぱく》を務めた藤原忠通《ただみち》の四男です。また慈円の兄には、近衛《このえ》家を興した基実《もとざね》や九条家を興した兼実《かねざね》がいます。

慈円は十歳で父を亡くし、十三歳で比叡山《ひえいざん》の青蓮院《しょうれんいん》第二代覚快法親王《かくかいほっしんのう》に付いて出家しました。このため、最初は道快《どうかい》という法名《ほうみょう》を名乗っていました。ところが、ちょうど親鸞聖人が出家されたとされる養和元年の十一月に、道快という名を改めて、「慈円」と称しました。

慈円が法名を改めた理由については定かではありませんが、師の覚快から「快」の一字をいただいたと考えられる法名をあえて変えたということは、非常に大きな心情の変化があったものと思われます。ちょうどこの年の十一月に覚快が没していますので、師が亡くなったことに大きな関わりがあるのかもしれません。また、この時、法名に浄土教的な「慈《いつく》しむ」という字を採用しているところに、慈円の心の変化が感じられるような気がします。

さらに奇《く》しくも、慈円と改称した同じ年に親鸞聖人が出家されたことは、天台僧でありながら「慈」を用いた法名によって、聖人が慈円から何らかの影響を受け、後に法然聖人による専修念仏に帰依していく時の少なからずきっかけとなったのかもしれません。

なお、慈円が「大僧正」に任じられるのは建仁《けんにん》三年（一二〇三）のことで、聖人が比叡山を下りた翌々年になりますから、『親鸞聖人伝絵（御伝鈔）』は、後世になってまとめた覚如上人の立場から慈円の僧侶としての地位を表記しているのです。

また、「慈鎮」という号は、嘉禄《かろく》元年（一二二五）に七十一歳で没した慈円に対して、十二年後の十三回忌に当たる嘉禎《かてい》三年（一二三七）に四条《しじょう》天皇から贈られたものので、生前の業績を讃えて敬意を表すための諡《おくりな》にあたるのです。

現在、一般的に親鸞聖人が出家された場所は、京都東山の青蓮院とされています。青蓮院は、最澄《さいちょう》が比叡山を開く時、山上の東塔南谷に建てた住坊の一つである青蓮坊に始まるとされます。その後、これが青蓮院と改称されました。もともと比叡山は都から比較的近い地ではありますが、それでも山上の住坊からでは、朝廷や公家たちに請われて法会《ほうえ》などに行くには不便でした。このため山の麓《ふもと》に、里坊《さとぼう》と呼ばれる住坊が設けられていくようになりました。

里坊の青蓮院は、久安《きゅうあん》六年（一一五〇）に天台座主《てんだいざす》の行玄《ぎょうげん》によって、三条白川《さんじょうしらかわ》に開かれました。その後、青蓮院は天台座主となった覚快に受け継がれ、養和元年十一月に覚快が亡くなった後、慈円が青蓮院を受け継ぐことになりました。さらに、元久《げんきゅう》二年（一二〇五）に、慈円は青蓮院を祇園《ぎおん》の東、吉水《よしみず》に移しました。青蓮院が現在地の粟田口《あわたぐち》に移るのは、慈円が没して後の嘉禎三年（一二三七）のことです。

ですから、親鸞聖人が出家された時の青蓮院の院主は慈円の師にあたる覚快でしたから、慈円はまだ青蓮院の院主になっていませんでした。その後、慈円も四度にわたって天台座主となり、比叡山を代表する僧侶として活躍しました。

なお、親鸞聖人が九歳の時、慈円のもとで出家したことについて、最近これを疑問視する意見が出ています。それは、一般的には出家する年齢は十三歳から十八歳ぐらいで、九歳という年齢は若すぎるということや、摂関家出身の慈円と日野家の分家である親鸞聖人では、当時の社会では大きく地位が違うということ、さらに慈円が受戒《じゅかい》するのは寿永《じゅえい》元年（一一八二）十二月であるため、治承五年には受戒していない慈円が戒師《かいし》をつとめる資格がないという点などです。

青蓮院

治承五年とは、親鸞聖人が仏門に入って仏道修行を始めた年であり、その後、適切な年齢に達した時点で正式に天台僧として出家したのではないでしょうか。

また、慈円については、『徒然草《つれづれぐさ》』に「一芸ある者なら身分の低い者でも召しかかえてかわいがった」と記されていますので、仏道修行中の親鸞聖人が、その才能を慈円に認められて、正式な僧侶となる時に慈円に戒師をつとめてもらったのではないでしょうか。その時の場所が、最初の里坊である白川の青蓮院であったのでしょう。

比叡山の変遷

得度後の親鸞聖人は、天台僧として比叡山において、二十年間修行されることとなりましたが、その頃の比叡山とはどのようなものだったのでしょうか。

比叡山は、都が平安京に遷《うつ》される前の延暦七年（七八八）に、現在の東塔根本中堂《こんぽんちゅうどう》の地に最澄によって開かれた比叡山寺に始まるとされます。

最澄は、奈良時代までの寺院が都やその周辺で甍《いらか》を競い合う大寺院であったことからこれを避け、山中に籠《こ》もって瞑想《めいそう》の修行をしたり、山野を踏破することを選んで、都から離れた山深い比叡山に入りました。

延暦二十三年（八〇四）、最澄は遣唐使《けんとうし》船に乗って中国の唐に渡り、天台山で仏教を学び、翌年帰朝して比叡山を中心として教団化を進めました。

弘仁《こうにん》十三年（八二二）に最澄が没すると、翌年には「延暦寺」という寺号が朝廷から許されました。これとほぼ同時に、比叡山の尾根の頂上近くに、東塔と西塔《さいとう》と呼ばれる中心的な施設が整備されていきました。さらに、天長《てんちょう》六年（八二九）には、円仁《えんにん》によって東西両塔の北にある横川《よかわ》に首楞厳院《しゅりょうごんいん》が開かれました。

こうして、山城国《やましろのくに》（京都府）と近江国《おうみのくに》（滋賀県）にまたがる山の尾根に沿って、広大な比叡山三塔が成立しました。そして徐々に仏教の総合学問所的存在となっていったのです。

唐から帰朝した円仁や円珍《えんちん》の活躍によって、比叡山の寺運は隆盛に向かいました。そして、康保《こうほう》三年（九六六）に天台座主《ざす》となった了源《りょうげん》は、焼失した横川首楞厳院の中堂、西塔の釈迦堂や常行堂《じょうぎょうどう》、及び東塔根本中堂などの諸堂の再興を進め、比叡山における最盛期を築いていくこととなりました。

比叡山は、京の都（平安京）にほど近い所にあったことから、平安貴族たちの信仰を受け、いろいろな法会を催しました。このため貴族たちから寺領として多くの荘園が寄進されて、経済的な力を持つに至ったのでした。

しかし、円仁と円珍の系譜を引く両派の対立が表面化し、比叡山延暦寺に留まった円仁門徒（山門派）と、比叡山を下りて三井寺《みいでら》園城寺に拠《よ》った円珍門徒（寺門派）の両派に分かれて激しく対立することとなり、そのような対立や、経済的基盤の寺領をはじめとするさまざまな権利を守るために、僧徒《そうと》（大衆《だいしゅう》）の武装化が進められました。これがいわゆる「僧兵《そうへい》」と呼ばれるものです。このような状況のなかで、僧兵による横暴は鎌倉時代末期まで続きました。

また、飛鳥時代に導入された律令《りつりょう》制度のなかで僧綱《そうごう》という組織が作られ、僧尼《そうに》を統制することが目指されました。

僧綱は、僧正《そうじょう》・僧都《そうづ》・律師《りっし》の三つからなっていて、僧正は僧尼の行いを正し、僧都は僧尼を統率し、律師は僧尼に戒律（規範）を示すものとされました。

平安時代の初めには、僧正・大僧都・少僧都・律師の四つが置かれ、全国の寺院を通じて定員は各一人と定められていましたが、次第に僧侶の栄誉職と受けとめられるようになりました。さらに、朝廷でもこのような僧侶たちの要望に応《こた》えるかたちとなり、僧正を大僧正・僧正・権《ごん》僧正に、僧都を大僧都・権大僧都・僧都・少僧都・権少僧都に、律師を大律師・権大律師・中律師・権中律師などと細分化して、多くの僧侶を僧綱に任命するようにしました。

親鸞聖人の戒師であり大僧正にまで進んだ慈円は、自身の著書『愚管抄《ぐかんしょう》』のなかで、僧正が十三人にもなり、律師は百五、六十人にも増えてしまったことについて、僧綱の権威がなくなり、僧の社会秩序が崩れてしまったと歎《なげ》いているのです。

さらに、僧になることは「出家《しゅっけ》」と呼ばれ、本来はそれまでの出自や経歴から離れた社会に入ることとされていました。ところが、平安時代以降次第にその人の出自が出家後の地位や職位にも影響するようになり、比叡山をはじめ各寺院内で僧の地位は、その人の出自によって出家した時点でほぼ決まっていました。

このように、比叡山を開いた当初の最澄は、寺院とは本来世俗社会と隔絶した環境にあるべきとして深山《しんざん》に入っていきましたが、比叡山も徐々に世俗社会の影響を受けるようになっていきました。親鸞聖人が天台宗の僧侶として修行されていた、平安時代末期から鎌倉時代初期の比叡山では、僧侶の世俗化が進み、山内《さんない》では自分たちの権利を守り、要求を通すため、武装した僧が横行していました。

親鸞聖人は、このような環境になっていた比叡山において、仏教の修得に励まれたのでした。

日本浄土教の源流である横川

比叡山において天台宗の僧として修行されていた親鸞聖人について、『御伝鈔』のなかには、「楞厳横川《りょうごんよかわ》の余流《よりゅう》を湛《たた》へて、四教円融《しきょうえんにゅう》の義《ぎ》にあきらかなり」（『註釈版聖典』一〇四三―一〇四四頁）と記されおり、比叡山の楞厳横川において、天台宗の教義を修学されたとされています。

それでは、親鸞聖人が比叡山で修学や修行をされていた楞厳横川とは、どのようなところなのでしょうか。

「横川」とは、先にも触れた比叡山三塔（東塔・西塔・横川）と呼ばれる三つの地区のうち、最も北に位置するところです。ここに営まれた堂舎の一つに首楞厳院（単に楞厳院とも呼ばれる）がありました。これは、横川中堂を中心とした伽《が》藍《らん》のことです。

横川は、平安時代の前期に、中国の唐から帰国した円仁が、自身で書写した『法華経』を納めた根本如法塔を建立して開いたもので、その後横川中堂が建てられると、これが中心となっ

比叡山延暦寺（横川中堂）

ていきました。平安時代中頃、横川を中心に活動した良源は、東塔の根本中堂や西塔の釈迦堂よりも横川を尊重して整備を進め、これを発展させていきました。親鸞聖人が比叡山において修行されていた頃、聖人出家の戒師をつとめた慈円は横川を管理する立場にあり、このことから慈円との関係が深い横川を中心に修行されていたようです。

また横川の地は、親鸞聖人が『高僧和讃』のなかで七高僧の第六祖にあげてその事績を讃《たた》えられている、源信《げんしん》和尚《かしょう》が住していた地でもあります。源信和尚は、天慶《てんぎょう》五年（九四二）に大和国《やまとのくに》の当麻《たいま》（現・奈良県葛城市《かつらぎし》）の地で生まれ、九歳の時に比叡山に上り、良源に師事してさまざまな仏教教義を修得されました。そして、三十七歳の頃から学匠《がくしょう》としての名声を高めていきました。

その頃の比叡山では、平安時代に政治的実権を握った藤原氏のなかでも、天皇を補佐する摂政や関白に就任してその中心的立場になっている家柄の摂関家《せっかんけ》が、影響力を及ぼして進出してきていました。このように、世俗権力の後押しを受けた僧侶によって比叡山の要職が独占されるようになってきており、教団の世俗化が急速に進んできていました。

ところが、源信和尚は世俗化する比叡山内の動きに対して批判的な立場を主張し、学匠としての名利《みょうり》を捨てて横川に隠棲《いんせい》しました。また、この頃の横川では浄土教の浸透を受けて、念仏集団が結成されていました。源信和尚は、師の良源の教えを受け継いで浄土教に関心をもっていましたので、このような念仏集団と関係を深めていったようです。

浄土教と深い関係の環境のなかにあった源信和尚は、永観《えいかん》二年（九八四）十一月から『往生要集《おうじょうようしゅう》』の執筆を始め、翌年四月にこれを完成させました。『往生要集』とは、人びとが住む現世を穢土《えど》（煩悩《ぼんのう》にけがれた凡夫《ぼんぶ》の住む迷いの世界）と位置づけて、往生のための作法を示し、阿弥陀如来や極楽の様相などを具体的に著したものです。この書は、世の中に浄土教に対する意識を高め、人びとに大きな影響を与えました。平安時代中期に権力を握った藤原道長もこの書を読んでいたようで、自身が臨終に際しては極楽に往生できるように、このなかに著された作法に則って死に臨《のぞ》んだことが知られています。

このようなことから、源信和尚は日本浄土教の祖として知られるようになり、それ以来横川は、比叡山のなかでは最も浄土教の盛んな場所となっていったのです。なお源信和尚は、横川では「恵心院《えしんいん》」という坊に住していたことと、寛弘《かんこう》元年（一〇〇四）五月に朝廷から権少僧都《ごんのしょうそうず》に任ぜられたこと（なお、翌年にはこれを辞退しています）から、世間では「恵心僧都」とも呼ばれるようになったのです。

親鸞聖人は、比叡山においては横川を中心に仏教教義を修得し、天台宗を中心とした修行をするために活動されていたようです。横川は、親鸞聖人が修行される少し前に、浄土教の思想を体系化したり世俗から距離をおく立場を主張した、源信和尚が活躍された土壌にあったため、聖人もこれらを受け継いでいかれることになったのではないでしょうか。親鸞聖人にとって比叡山での修行は、後の思想形成に大きな影響を与えることとなったものと考えられるのです。

「堂僧」をつとめる

親鸞聖人は、比叡山でどのような修行をされていたのでしょうか。

後に親鸞聖人の妻となった恵信尼《えしんに》さまが、聖人が亡くなった時に末娘の覚信尼《かくしんに》さまに送られた手紙『恵信尼消息《えしんにしょうそく》』には、「殿《との》の比叡《ひえい》の山《やま》に堂僧《どうそう》つとめておはしましけるが、山《やま》を出《い》でて」(『註釈版聖典』八一四頁)と書かれています。つまり、親鸞聖人は比叡山において「堂僧」をつとめておられた時に、比叡山を下りられたということがわかります。親鸞聖人は比叡山に二十年間おられて、二十九歳の時に比叡山を下りられましたので、比叡山での最後の時には堂僧をされていたようです。ただ、親鸞聖人が堂僧以外にどのような修行をされていたのかということはまったくわかっていません。

親鸞聖人が堂僧をつとめておられたということは、比叡山のなかでは「学生《がくしょう》」を目指す立場にあったということがわかります。学生とは、学問を修めた僧のことで、学侶《がくりょ》・学匠《がくしょう》・学僧などとも呼ばれます。この学生とは、いわゆる「僧兵」とは異なる立場の僧です。

僧兵とは、武装した僧侶やその集団のことで、当時は悪僧《あくそう》・大衆・衆徒《しゅうと》などと呼ばれていました。彼らは、平安時代中期頃からその活動が盛んになり、親鸞聖人が比叡山におられた頃には、強訴《ごうそ》と称して、朝廷や貴族たちに対して強引に自分たちの要求をつきつけていました。平安時代後期の白河上皇が、自身の思うようにならないものとして、賀茂川の水、双六《すごろく》の賽《さい》とともに、山法師《やまほうし》（比叡山の僧兵）を挙げているのはよく知られています。

このような比叡山の環境のなかで、親鸞聖人は学問や修行に専念する僧侶でした。親鸞聖人が比叡山時代の最後につとめておられた堂僧とは、常行堂《じょうぎょうどう》（常行三昧《ざんまい》堂ともいう）において「不断念仏《ふだんねんぶつ》」を修行する僧のことをいいます。

不断念仏というのは、中央に阿弥陀如来が安置された常行堂のなかで、口では阿弥陀如来のみ名をとなえ、心には阿弥陀如来を念じながら、阿弥陀如来の周りを回り続けるというもので、一定の日を決めて昼夜を問わずひたすら行う修行です。

比叡山の常行堂は、嘉祥《かしょう》元年(八四八)に円仁によって東塔に建てられた常行三昧院に始まります。そして、仁寿《にんじゅ》元年(八五一)には、円仁がここで中国・唐の五台山で修得した念仏三昧法をはじめて行いました。その後常行堂は、比叡山内の西塔と横川にもそれぞれ建てられましたので、親鸞聖人がおられた頃には、横川首楞厳院にも常行堂がありました。

なお、これらの常行堂は、元亀《げんき》二年(一五七一)の織田信長《おだのぶなが》による比叡山焼き討ちによって焼失してしまいました。そしてその後、西塔には常行堂が再建されましたが、その他の常行堂は再建されませんでした。このため、現在では西塔にのみ常行堂が残っているのです。

常行堂での不断念仏の修法《しゅほう》は、阿弥陀如来に対するものであるため、平安時代中期の末法思想の隆盛にともない、次第に重要視されることとなりました。しかしそれでも、比叡山においてはまだまだ中心的な修行というまでにはなく、そこで修行する僧の地位は、それほど高いものとは考えられていなかったようです。

親鸞聖人の師の慈円は、養和元年（一一八一）に三昧院を管理する地位をその師覚快から譲られていますし、寿永《じゅえい》二年（一一八三）には、法性寺《ほっしょうじ》において廿五三《にじゅうご》昧念仏を修しています。このことから、慈円自身も念仏三昧について深い関心を寄せていたことがわかります。

不断念仏の修行の目的は、不眠不休で阿弥陀如来を体感し、阿弥陀如来のみ名を称え、阿弥陀如来を念じることによって、目の前に出現する阿弥陀如来の姿を見るという「見仏《けんぶつ》」の境地に到達するものです。これを達成することで、通常の人とは違う特別な力を得たことになり、その後はさらに次の修行へと進んでいくのです。

ところが、親鸞聖人は、堂僧として不断念仏の修行をしておられた直後に比叡山を下りられていますから、このような見仏の境地に達することがなかったのではないでしょうか。見仏を実現しなかったことで、親鸞聖人は決して自分自身が特別な人間ではなく、普通の人間であることということを再確認されたのでしょう。

そのことによって、改めて自分自身が救われるべき存在であることを知り、あえて比叡山を下りて通常の人間として、民衆とともに救われる道を求める決心をされたのです。

六角堂参籠の目的

二十年間比叡山において天台僧として修行された親鸞聖人は、二十九歳の建仁《けんにん》元年（一二〇一）に比叡山を下りられました。

『恵信尼消息』には、先の引用に続いて、親鸞聖人は「山《やま》を出《い》でて、六角堂《ろっかくどう》に百《ひゃく》日籠《にちこも》らせたまひて、後世《ごせ》のこといのりまうさせたまひける」（『註釈版聖典』八一四頁）とあります。つまり、比叡山を下りられた親鸞聖人は、六角堂に百日間参籠《さんろう》され、その後のことについてお示しをいただこうとされたのです。

比叡山を下りられた親鸞聖人は、なぜこの時、六角堂に行かれたのでしょうか。

そもそも六角堂とは、お堂のかたちが六角形になっているため、俗にそのように呼ばれていますが、正式には頂法寺《ちょうほうじ》と称する天台宗の寺院です。

「六角堂縁起《えんぎ》」という記録によりますと、聖徳太子が四天王寺《してんのうじ》（現・大阪市天王寺区）を建立するにあたって、その用材を求めてこの地に来られた時、太子が大切にされていた如意輪観音《にょいりんかんのん》を本尊として安置し、ここにお寺を建立したことに始まるとされています。

その後、平安時代の中頃には、西国《さいごく》三十三カ所巡礼《じゅんれい》の第十八番札所《ふだしょ》に数えられるようになりました。

京都の町中にあることから人びとの参詣が多く、平安時代の末期には、京都では清水寺《きよみずでら》と並んで六角堂に参詣者が多かったことが知られています。

頂法寺（六角堂）

六角堂は、平安時代の終わり頃に

は、すでに公家から一般庶民にいたる多くの人びとから信仰を集めており、幅広い階層の人びとが参詣していたことがわかります。

観音菩薩は、現世での願いを叶えてくれるとされたために、望みに応じていろいろな姿に変わる（変化《へんげ》）と考えられていました。このため、平安時代から鎌倉時代への転換期という不安定な時期には、多くの人が観音菩薩のもとに参詣していました。

また、親鸞聖人が参籠された頃には、六角堂は比叡山の末寺となっていました。このことから聖人は、比叡山において修行されていた時に、六角堂の存在を知られたのでしょう。

親鸞聖人が修行されていた比叡山は、もともと最澄が世俗社会と距離をおいて修行するために、あえて山の上を選んでお寺を創建したものでした。このため、江戸時代までの比叡山は僧侶しか入ることが認められておらず、女性も立ち入りが禁止されていました。つまり比叡山は、僧侶だけの特殊な空間だったと言えます。さらに、この頃の比叡山は、天皇や平安貴族たちといった特定の支配者層の支持と庇護《ひご》を受けて存立《そんりつ》していましたので、そこにいる僧侶たちもそのような人びとのために活動しており、一般庶民に対して救済の手を差し伸べるというようなことはありませんでした。

このような環境にあった比叡山で修行しておられた親鸞聖人が、比叡山を下りられた直後に、あえて京都の町中《まちなか》の庶民が多く集まる雑踏のなかで、庶民の信仰を集めていた六角堂に参籠されたことは、庶民との接点を求められたものと言えます。

親鸞聖人が後に門弟に語られたお言葉を集めた『歎異抄《たんにしょう》』の第二条には、浄土に往生する方法について、ただ念仏をするだけで必ず阿弥陀如来にたすけられるということを、自分自身が法然聖人の仰《おお》せからいただいたとされています。そしてこの言葉の前には、念仏以外に浄土に往生する方法を知りたいというならば、その人奈良の興福寺や比叡山の延暦寺などにも立派な学僧がたくさんいるので、その人たちに会って詳しく尋ねればよい、とあります。

これらのことから考えますと、親鸞聖人は、二十年間比叡山で修行されていましたが、限られた人しかいない比叡山での修行を通してでは、本来仏教が使命としている「万人を救う」という方法を得ることができないと、確信されたのではないでしょうか。その結果、比叡山を下りることを決断され、庶民が多くお参りしている六角堂の観音菩薩のもとに参籠し、その後の自身が進むべき道を示してもらおうと期待されたのでしょう。

しかし、親鸞聖人は、『教行信証』の「後序」のなかで、法然聖人の専修念仏《せんじゅねんぶつ》に帰入《きにゅう》したことを、「雑行《ぞうぎょう》を棄《す》てて本願《ほんがん》に帰《き》す」(『註釈版聖典』四七二頁)とはっきりと書かれていますので、その後は阿弥陀如来以外の仏菩薩を拝することはされなかったようです。

参籠と夢告

親鸞聖人が六角堂に参籠された、その「参籠」とはどのようなものなのでしょうか。

参籠は「お籠《こ》もり」とも言われ、寺院や神社に参詣する際、その境内の特定の場所で、時には断食《だんじき》や不眠不臥《ふみんふが》などの行為をしながら、礼拝《らいはい》・読誦《どくじゅ》などを行うことです。そしてそのような行業《ぎょうごう》によって、仏や神が夢のなかなどに現れ、いろいろな指示を受けることを期待したのです。このようなことは、親鸞聖人が活躍された中世という時代においては、しばしば行われていました。

例えば、鎌倉時代に時宗《じしゅう》を開いた一遍《いっぺん》上人は、紀伊国《きいのくに》（和歌山県）の熊野本宮《くまのほんぐう》の証誠殿《しょうじょうでん》に参籠した時、夢のなかに熊野権現《ごんげん》のもとの姿とされる阿弥陀如来が現れて指示があり、これによって時宗を開いたとされます。

また、親鸞聖人が比叡山で修行されていた頃に実権を握っていた後白河法皇《ごしらかわほうおう》が編集した『梁塵秘抄《りょうじんひしょう》』には、参籠が盛んな寺院として、観音菩薩を本尊とする清水寺《きよみずでら》（京都市）・石山寺《いしやまでら》（滋賀県大津市）・長谷寺《はせでら》（奈良県桜井市）があげられています。特に参籠に選ばれたのは、観音菩薩が安置されているところが多かったようです。

『親鸞伝絵《でんね》』の「六角夢想《むそう》」の段を見てみますと、六角堂本尊の前では、親鸞聖人の他にも堂内で臥《ふ》して参籠している人びとが描かれています。

中世においては一般的に行われていた参籠を、比叡山を下りられた直後の親鸞聖人も行われたことがわかります。この時、聖人は自分自身がこの後進むべき道について指示を受けることを期待して、聖徳太子が創建されたという京都の町中の六角堂を選ばれたのでしょう。

後にも触れますが、恵信尼さまのお手紙によりますと、親鸞聖人は九十五日目の明け方に、六角堂で「示現《じげん》」にあずかられたとあります。また『御伝鈔』では、参籠されていた聖人に対して、六角堂の救世《くせ》菩薩から「夢想《むそう》の告《つ》げ」があったとされています。観音菩薩は変化しますので、六角堂の本尊の如意輪観音は、その時、親鸞聖人が人びとを救う方法を求めておられたことから、救世観音菩薩（聖《しょう》観音）として現れたのでしょう。

この他にも、『御伝鈔』では、晩年の親鸞聖人についての逸話として、聖人に付きしたがっていた門弟の蓮位《れんい》による夢想や、絵師の定禅法橋《じょうぜんほっきょう》による夢の話が収められています。このように、夢のなかで仏や菩薩などから語られた言葉は、「夢告《むこく》」「夢想」「示現」などと呼ばれていました。

私たち現代人には、このような出来事を「夢の話」として軽視しがちです。ところが、親鸞聖人が生きられていた中世社会では、夢が非常に重要なことと考えられていたようです。

例えば、慈円が著した『愚管抄』には、慈円が見た夢の解釈が記された部分が多くあります。また、六角堂参籠の後に親鸞聖人が入門される法然聖人も、夢のなかで善導大師《ぜんどうだいし》と対面したことによって、阿弥陀如来への信心を確信されたということがよく知られています。

現代社会とは違って、非科学的な中世という世界を生きていた人びとにとって、人が意識をもって話した言葉は、その人の意思や意図によって左右されているけれども、夢のなかで仏・菩薩などが語った言葉には、人の意思がはたらくことがないということで、むしろ純粋なものであると考えられていたようです。

このような中世社会において、人為の加わらない一般的な出来事として受けとめられていた夢告に従って、聖人は法然聖人のもとに行かれたことがわかります。このことは、親鸞聖人にとって大きなきっかけとなりました。そしてその後の親鸞聖人は、阿弥陀如来の念仏と信心を、法然聖人のもとでしっかりと受け止められることになったのです。

比叡山を下りられた親鸞聖人は、その後六角堂に参籠して観音菩薩からの夢告をうけたことにより、法然聖人と出会うこととなりましたが、それ以前には、自身が進むべき道をお示ししてもらうことを期待して、六角堂の観音菩薩のもとに向かわれたのでしょう。

日本仏教の教主・聖徳太子

一方、親鸞聖人が参籠された六角堂は、聖徳太子によって創建された寺院の一つとされており、聖徳太子との関わりが深かったようです。

聖徳太子とは、六世紀末から七世紀前半にかけていた人物で、父は用明《ようめい》天皇、母が穴穂部間人皇后《あなほべのはしひとこうごう》です。本名は厩戸皇子《うまやどのおうじ》と言います。はじめ上宮《うえのみや》に住み、後に斑鳩宮《いかるがのみや》に移ったとされ、崇峻《すしゅん》天皇五年（五九二）に推古《すいこ》天皇が即位すると、翌年には皇太子となって、天皇を補佐する摂政《せっしょう》を務めました。このことから、「上宮聖王《じょうぐうしょうおう》」や「上宮太子《じょうぐうたいし》」などと呼ばれるようになりました。今も広く親しまれている「聖徳太子」という名前は、奈良時代の天平勝宝《てんぴょうしょうほう》三年（七五一）に成立した『懐風藻《かいふうそう》』という漢詩集の「序文」のところに初めて出てきます。

聖徳太子についての記録が少なく、伝承的な話が非常に多く残されていることから、その存在を否定する意見も出されました。

そのようななかで、聖徳太子は、仏教の排斥を主張した物部守屋《もののべのもりや》を蘇我馬子《そがのうまこ》と協力して滅ぼし、仏典のうち法華《ほっけ》・維摩《ゆいま》・勝鬘《しょうまん》の三経《さんぎょう》を講説して「三経義疏《ぎしょ》」を著した、と伝えられています。また聖徳太子が制定したとされる「憲法十七条」の第二条には、「篤《あつ》く三宝《さんぼう》を敬《うやま》ふ。三宝《さんぼう》は仏《ほとけ》・法《のり》・僧《ほうし》なり」（『註釈版聖典』一四三三頁）として、仏教や僧侶を尊重しました。さらには、四天王寺《してんのうじ》（現・大阪市天王寺区）や法隆寺《ほうりゅうじ》（現・奈良県斑鳩町）をはじめ多くの寺院を創建したとされるなど、仏教に理解を示し、その興隆に大きく寄与したとして、早くから仏教諸宗から信奉され、「日本仏教の教主《きょうしゅ》」と呼ばれるようになりました。

　六角堂の参籠以来、親鸞聖人は聖徳太子を尊崇され、晩年には「皇太子《こうたいし》聖徳《しょうとく》奉《ほう》讃《さん》」という和讃を著して、その業績を讃《たた》えています。

　このような親鸞聖人の姿勢が受け継がれて、浄土真宗では聖徳太子の影像が一般寺院にも安置されるようになりました。

　親鸞聖人が比叡山を下りて六角堂に参籠された時、夢のなかに現れたのは、六角堂を創建した聖徳太子が姿を変えた、救世観音であったともいわれています。

聖徳太子については、早い時期からさまざまな伝説が出てきます。そのなかで著名なものとして、聖徳太子は救世観音が仮の姿としてこの世に現れたもの(化身《けしん》)と考えるものです。

例えば、大和国《やまとのくに》の法隆寺では、奈良時代の初めに、聖徳太子が住んでいた斑鳩宮《いかるがのみや》の跡地に上宮王院《じょうぐうおういん》(東院《とういん》)が創建されると、その中心の八角円堂《はっかくえんどう》(夢殿《ゆめどの》)には、太子の姿をかたどったとされる観音菩薩(救世観音)が安置されました。

また、平安時代中頃の延喜《えんぎ》十七年(九一七)にまとめられた、聖徳太子の伝記集である『聖徳太子伝略《でんりゃく》』という書物には、聖徳太子は救世観音や如意輪観音の化身で、このため朝鮮半島の百済国《くだらのくに》の阿佐《あさ》太子が聖徳太子を敬い拝したとされています。

とくに、親鸞聖人がおられた平安時代終わりの頃になると、河内国《かわちのくに》の磯長《しなが》(現・大阪府太子町)の聖徳太子の廟所には、太子自身とともに、母の穴穂部間人皇后と妃《きさき》の膳大郎女《かしわでのおおいらつめ》の三人が葬られていることから、これを「三骨一廟《さんこついちびょう》」と呼ばれるようになります。そして、この三体が阿弥陀三尊と見なされるようになり、母の穴穂部間人皇后を阿弥陀如来、妃の膳大郎女を勢至菩薩、聖徳太子が観音菩薩の化身とされるようになり、特に浄土教信仰が隆盛する時代のなかで太子廟が注目され、浄土教信仰のなかに取り込まれていくようになりました。

かつて、この磯長にある聖徳太子の廟所に参拝するように勧めた偈文《げもん》を彫った石碑が廟所の前に建てられていたとされていますが、この内の一文を書いた「聖徳太子廟窟偈《びょうくつげ》」と呼ばれる偈文を、親鸞聖人自身が書き写したものが残されていますので、聖人も太子廟への関心が高かったことがわかります。

親鸞聖人が六角堂に参籠された頃は、聖徳太子信仰が広まりつつあった時期であり、さらにそれは浄土教信仰ともつながると考えられていました。このため、六角堂での聖徳太子から受けた夢告によって、親鸞聖人は、その頃、専修念仏の教えを説いておられた法然聖人のもとに行かれたのではないでしょうか。

『恵信尼消息』には、

九十五日《くじゅうごにち》のあか月《つき》、聖徳太子《しょうとくたいし》の文《もん》を結《むす》びて、示現《じげん》にあづからせたまひて候《そうら》ひければ、やがてそのあか月出《つきい》でさせたまひて、後世《ごせ》のたすからんずる縁《えん》にあひまゐらせんと、たづねまゐらせて、法然上人《ほうねんしょうにん》にあひまゐらせて

（『註釈版聖典』八一一頁）

とあります。親鸞聖人は、六角堂に百日参籠されていたところ、九十五日目の明け方に、夢のなかで聖徳太子が救世観音の姿で現れて、偈文を受けられたということです。

この時の偈文については、『御伝鈔』では「行者宿報《ぎょうじゃしゅくほう》」の偈文とされていますが、他に「太子廟窟偈」であったとする説もあります。ただ覚如上人は、「恵信尼消息」とともに覚信尼に送られてきた、この時の偈文を見ている可能性があることを考えると、「行者宿報」の偈文であったものと考えられます。

親鸞聖人は、この偈文を受けて法然聖人のもとに行き、さらに百日間、法然聖

人のもとに通い、法然聖人が説かれていた専修念仏の教えを聴聞され、この教えに間違いがないと確信し、法然聖人の門下に入られたのでした。

第三章　出会いと別離

専修念仏に帰す

親鸞聖人は、ご自身の主著である『教行信証』「化身土文類《けしんどもんるい》」の末尾にある「後序《ごじょ》」において、

愚禿釈《ぐとくしゃく》の鸞《らん》、建仁辛酉《けんにんかのとのとり》の暦《れき》、雑行《ぞうぎょう》を棄《す》てて本願に帰《き》す。

（『註釈版聖典』四七二頁）

と述べられています。この建仁辛酉の年とは、建仁元年（一二〇一）のことになりますので、親鸞聖人は、この年に比叡山を下りて阿弥陀如来の教えを説いておられた法然聖人に入門されたのです。

また、『恵信尼消息』によると、親鸞聖人は、比叡山を下り、まず六角堂に百日間参籠され、その後も六角堂に参籠されたのと同じように、雨の降る日も晴れの日も、またどのようなことがあっても、法然聖人のもとに百日間通われたと記

されています。そしてそれは、親鸞聖人が後世《ごせ》の助かる方法を求めておられたためともされています。

つまりこの時、親鸞聖人は、どのようにすれば浄土に往生することができるのかをひたすらに追求しておられたのです。

この頃、法然聖人は京都東山の吉水《よしみず》において、阿弥陀如来を信じてお念仏を称えることでだれもが平等に浄土往生ができるという、「専修念仏」を説いておられました。

このような法然聖人の専修念仏の教えは、当時の社会に広く受け入れられていきました。そして地位や身分にかかわらず、法然聖人の教えを聞くために、多くの人びとが吉水の法然聖人のもとに集まっていたのでした。

当時は、人びとの間で法然聖人の教えが受け入れられていった頃でしたので、京都の町中にあった六角堂に参籠されていた親鸞聖人は、自身と同じように参籠していた人たちから、法然聖人のことを耳にされたのではないでしょうか。

そして、六角堂を出てから、吉水の法然聖人のもとに百日間通われたということは、法然聖人が説かれるお念仏のお話を聴聞されたのでしょう。この時の聴聞を通して、親鸞聖人は法然聖人の専修念仏の教えに感銘し、法然聖人についていく決心をされたのです。

親鸞聖人自身、法然聖人の専修念仏の門に入られたことを、「本願に帰す」と表現されていることは、気軽に行かれたのではなく、聴聞を重ねて確信をもって入門されたことがわかります。

それでは、法然聖人とはどのような方なのでしょうか。

法然聖人は、長承《ちょうしょう》二年（一一三三）に美作国《みまさかのくに》久米《くめ》郡南条《なんじょう》の稲岡荘《いなおかのしょう》（現・岡山県久米郡久米南町）で誕生されました。父は漆間時国《うるまときくに》という地方の武士で、母は秦《はた》氏の出身の人と言われています。

永治《えいじ》元年（一一四一）聖人が九歳の時、父の時国が地元武士からの夜討ちによって殺害されたため、同年には同国の天台宗菩提寺《ぼだいじ》の観覚《かんかく》に預けられました。

観覚が天台宗の僧侶であったことから法然聖人は、久安《きゅうあん》三年(一一四七)の十五歳の時比叡山に登り、天台僧として修行することとなりました。

比叡山では、まず西塔北谷《きただに》の持宝房源光《じほうぼうげんこう》に付いて修行されました。その後東塔西谷の皇円《こうえん》に師事するなどされ、同六年には西塔の黒谷別所に移り、慈眼房叡空《じげんぼうえいくう》の弟子となりました。この頃から「法然房」という房号《ぼうごう》と「源空《げんくう》」という実名《じつみょう》を称されました。

私たちが親しんでいる「法然」というお名前は、この時名乗られた房号というもので、他の人がその人を尊重して呼ぶ時のものであって、自身が名乗る実名の「源空」と区別して使われるものです。

法然聖人は、比叡山の黒谷におられた頃、六千巻にも及ぶ「一切経《いっさいきょう》」を五回も読破するなど仏教経典の修学に励まれたことから、「智慧《ちえ》第一の法然房」と呼ばれたと言われています。

この頃の黒谷別所では、恵心流の浄土教が盛んでしたし、また師の叡空《えいくう》は融通《ゆうずう》念仏《ねんぶつ》を開いた良忍《りょうにん》の弟子でもありましたので、法然聖人は浄土教へ傾倒していかれたようです。

そのような環境のなかから法然聖人は、承安五年（一一七五）の四十三歳の時、中国浄土教の祖と呼ばれる善導大師が著した『観経疏《かんぎょうしょ》』に接することとなり、これによって、念仏を称えることで阿弥陀如来に救済されるという専修念仏を会得《えとく》されました。

これ以降、法然聖人は一般の人に対しても念仏を勧めることを決意され、比叡山を下りて東山の吉水に草庵を営み、専修念仏を説いておられたのでした。

このようにされていた法然聖人のもとに、親鸞聖人は入門されたのでした。

法然聖人の門弟たち

「法然上人絵伝」によると、法然聖人は比叡山を出て最初に京都西山の広谷《ひろたに》というところに行き、一時ここに居を定められたとされています。

平安時代の中頃以降に浄土教が隆盛してくると、平安京の西方にある西山の地は、西方極楽浄土に近い場所と考えられるようになりました。このため、法然聖人はまず西山に行かれたようです。

しかし法然聖人は、間もなく東山吉水に移り、ここに草庵をむすんで専修念仏を広めていかれたのでした。

そうすると、多くの人が念仏の教えを聞くために集まってきました。それらの人びとにはいろいろな階層の人がいたようです。

『御伝鈔』の「信行両座《しんぎょうりょうざ》」の段に登場する法蓮房信空《ほうれんぼうしんくう》は、朝廷に仕える左大弁《さだいべん》(書記官)藤原行隆《ふじわらのゆきたか》の長男とされ、またこの時、遅れて吉水の草庵にやって来たことで知られる法力房蓮生《ほうりきぼうれんせい》は、俗名を熊谷直実《くまがいなおざね》といい、『平家物語』でもよく知られる鎌倉武士です。そして、同じ『御伝鈔』の「信心諍論《しんじんじょうろん》」にみられる勢観房源智《せいかんぼうげんち》

安養寺(伝吉水草庵跡)

は、平師盛《たいらのもろもり》の子（平通盛《みちもり》の子とする説もあります）とされています。さらに、摂政・関白を務めた九条兼実がいたこともよく知られています。

このように、朝廷に仕えた公家や武士といった、当時支配者層にいた人びとをはじめ、一般庶民まで幅広い階層の人びとがいたようです。さらに女性も多くいたことは、いろいろな逸話などからも知れます。

比叡山が法然聖人の教団を非難したことで、これを避けるために法然聖人が門弟の行動を制約した「七箇条制誡《しちかじょうせいかい》」には、百九十人も署名しています。ここに署名した人は、法然聖人のもとで仏門に入って法名を名乗っていた人だけですから、それ以外の在俗の人がどれだけ多くいたのかははっきりわかっていません。

また、法然聖人の教団を奈良の興福寺が非難した「興福寺奏状《こうふくじそうじょう》」では、専修念仏が京都近辺だけでなく、北陸や東海などの諸国にまでも広まっていることが指摘されていますので、法然聖人の専修念仏が深く社会に影響を与えていたことは確かなようです。

法然聖人の説く専修念仏は、それまでの仏教のように、厳しい修行や多くの寄付をすることも必要なく、ひたすらお念仏を称えるだけで誰もが阿弥陀如来によって救われるという、非常にわかりやすいものでした。このため、その教えに共感する人びとが法然聖人のもとに聴聞に訪れてきたのでした。

このような法然聖人の門弟のなかで著名な人として、聖覚法印《せいかくほういん》がいました。

聖覚は、説法唱導《しょうどう》で名声の高い澄憲《ちょうけん》の子で、天台宗の僧侶として朝廷から「法印」の僧位を受けていました。また洛北の里坊安居院《あぐい》に住んだため、「安居院の法印」とも呼ばれました。聖覚は仁安《にんあん》二年（一一六七）の生まれですから、親鸞聖人より六歳年上になります。

聖覚は、天台宗の僧侶という立場を残しながら、法然聖人の門下に入って専修念仏を会得したようで、『御伝鈔』の「信行両座」の段では、法然聖人や親鸞聖人らとともに、阿弥陀如来の本願を信じる一念によって浄土往生が決定《けつじょう》すると信じる「信不退《しんふたい》」の席に着いたとして、法然聖人の教えをきっちりと受け止めている一人とされています。

聖覚は、このように法然聖人の念仏の教えを受け継いで、『唯信鈔《ゆいしんしょう》』という書物を著しました。晩年の親鸞聖人は、この『唯信鈔』を高く評価し、何度も書写したり、その内容を註釈した『唯信鈔文意《もんい》』を著し、関東の門弟に送って読むことを奨励しています。それだけ親鸞聖人は聖覚の念仏に対する考えを信頼していたことがわかります。

親鸞聖人と聖覚の関係については、江戸時代に書かれた『高田開山親鸞聖人正統伝《たかだかいさんしんらんしょうにんしょうとうでん》』という真宗高田派の書物のなかには、六角堂に参籠する親鸞聖人が四条の橋で逢い、法然聖人のもとに行くことを勧められたとされていますが、このことは歴史的にははっきりしません。

ただ、親鸞聖人と同じ頃に書かれた説話集の『沙石集《しゃせきしゅう》』のなかには、焼失した六角堂の再建募財のため、当時説法で名高かった聖覚を招いて説法を催したところ、聴衆のなかの女性がおならをしたことをうまく話に取り入れたとして、紹介されています。

親鸞聖人が法然聖人のもとに行くことになった六角堂と聖覚の関わりから、法然聖人の門下での親鸞聖人と聖覚のただならぬ因縁を感じさせるものでもあります。

比叡山による念仏弾圧

親鸞聖人が東山吉水の法然聖人に入門しておられた頃、法然聖人が説かれる阿弥陀如来の念仏によって誰もが救われるという教えは急激に広まり、法然聖人のもとには、その教えに共感したたくさんの人が集まって来るようになりました。このように、多くの人が法然聖人の説かれていた新しい教えを受け入れようとしたことは、ある意味では世の中が確実に移り変わろうとしていたことを意味していると言えるでしょう。

ところが、このような新しい教えは、比叡山や興福寺といった既成の仏教教団にとってはあまり悦《よろこ》ばしいことではなかったようです。このため、法然聖人と既成仏教教団との間で軋轢《あつれき》が起こるようになっていきました。そして法然聖人の専修念仏に対して、弾圧を加えようとする動きが出てきました。

法然聖人への弾圧は、まず比叡山によってなされました。そこで法然聖人は、このような弾圧を回避しようと苦心した結果、元久《げんきゅう》元年（一二〇四）十一月七日に、比叡山の責任的立場の天台座主《ざす》に対して誓約するというかたちをとった、「起請文《きしょうもん》」を送りました。

この起請文によると、法然聖人が念仏を勧めた人びととは、年老いてから世を遁《のが》れて仏門に入った者や、既成仏教の教えについていけない者で、そういった人たちが自分のいる草庵にやって来て剃髪《ていはつ》したというのです。そのように既成仏教の難しい教義や、年老いてしまったため厳しい儀礼や修行をきっちりと実行することができない人びとに対して、浄土に往生するためには、もっぱら念仏を称えることが大事であると勧めただけだとされています。

法然聖人が比叡山に送られた起請文の言葉からわかることは、法然聖人が勧めておられた専修念仏の教えとは、社会的弱者を対象としていたことがわかりますし、法然聖人のもとに入門してきた人びととは、そのような立場の人が多くいたということです。

さらに、法然聖人は、比叡山に起請文を提出した同じ日に、門弟に対しても守るべき内容を七箇条にまとめて示されました。これが「七箇条制誡《しちかじょうせいかい》」と呼ばれるものです。法然聖人は、他の既成仏教教団との軋轢を避けるため、七つの誡《いまし》めを守るようにと、門弟たちを集めてこれに署名させました。

この時の「七箇条制誡」に示された内容とは、専修念仏者が真言宗や天台宗の人たちと必要以上に議論して言い負かせてはならないこと。阿弥陀如来以外の仏菩薩を誹《そし》ったりしてはならないこと。念仏には戒律がないからといって飲酒や肉《にく》食《じき》を勧め、戒律を守っている人は雑行《ぞうぎょう》で、阿弥陀如来を頼めばそれを造悪《ぞうあく》として恐れる必要がないと説いてはならないこと。正しい教えを理解していないのに、種々の邪法を説いて無智《むち》の道俗《どうぞく》に対して教化《きょうけ》をするようなことをしてはならないこと、などでした。

　このことから、法然聖人のもとに集まった人びとは、仏教のさまざまな教義を理解していなくても、阿弥陀如来のみを念じれば救われるということだけを信じて、さらに別の人びとにその思いを広めるまでにいたっていたことがわかります。

　このような行為を規制して、必要以上の軋轢を引き起こさないために、法然聖人は七箇条の誡めを書かざるを得なくなったのでしょう。

　現在、京都・嵯峨の二尊院に残されている「七箇条制誡」を見ていきますと、十一月七日から法然聖人のもとに門弟たちが集められ署

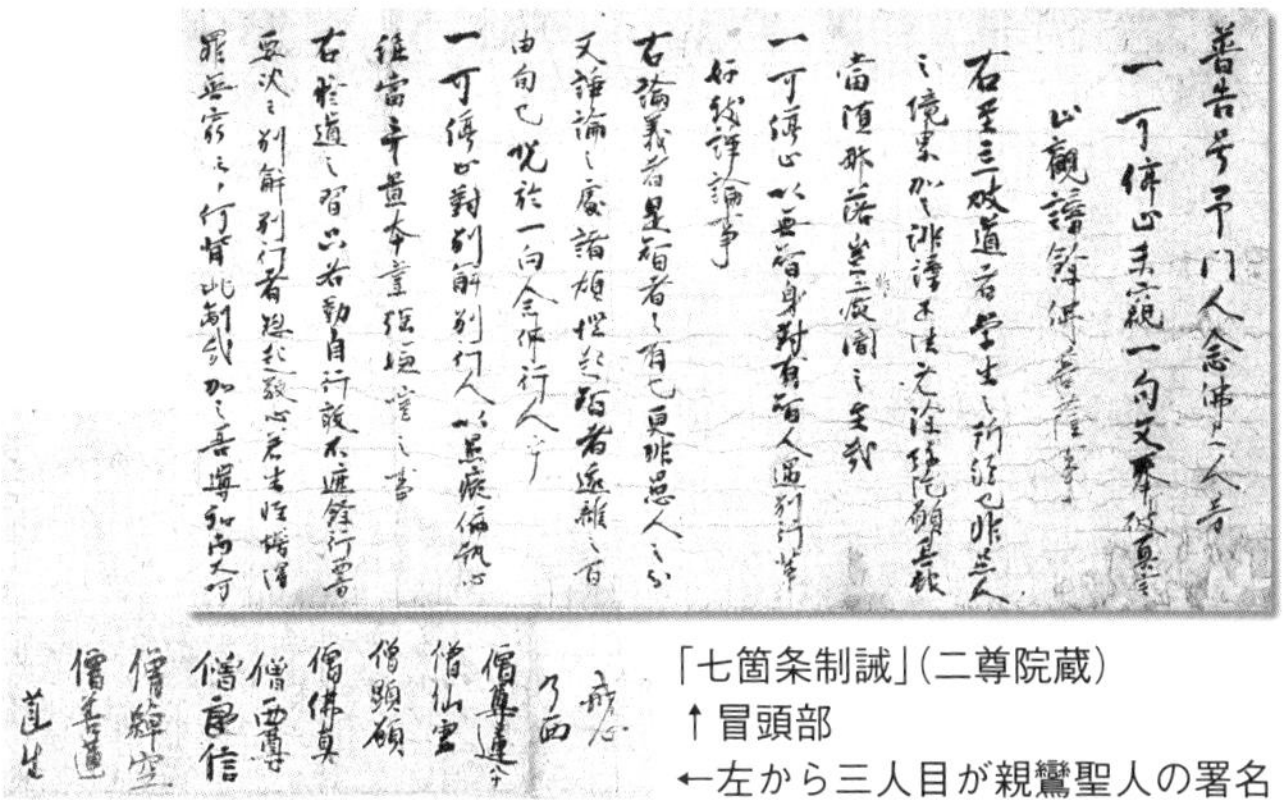

「七箇条制誡」（二尊院蔵）
↑冒頭部
←左から三人目が親鸞聖人の署名

名することとなった様子がわかります。先に記したように、この時、ここに署名した総勢百九十人の門弟は僧体《そうたい》をした出家者であったようで、在俗者や京都から遠く離れて生活していた人は含まれていません。

ここに署名した門弟のなかには、親鸞聖人もいました。聖人はこの時、自身で「僧綽空《そうしゃくくう》」と署名されました。聖人はこの制誡に対して、法然聖人が署名を求めた日の翌日である十一月八日に署名をしています。そしてその順番は、法然聖人から数えて八十七番目となっているのです。

ここからわかることは、親鸞聖人は必ずしも絶えず法然聖人の側《そば》にいたということではないようです。また署名の上には「僧」という字をつけて書かれていますが、これは前に署名した人に倣《なら》ったようです。後に親鸞聖人は、自身を「非僧《ひそう》非俗《ひぞく》」（僧《そう》にあらず俗《ぞく》にあらず『註釈版聖典』四七一頁）と称されますが、この時にはそのような立場を表明するまでにはいたっていなかったことがわかります。

『選択集』の相伝

法然聖人の門下におられた親鸞聖人は、元久《げんきゅう》二年（一二〇五）に法然聖人から、法然聖人が著わされた『選択本願念仏集《せんじゃくほんがんねんぶつしゅう》』（『選択集』）を書き写すことを許されました。

このことについて親鸞聖人は、ご自身の主著『教行信証』の「化身土文類」の末尾にある、いわゆる「後序」（『註釈版聖典』四七二頁）というところに記されています。

それによると、親鸞聖人は法然聖人から『選択集』を書き写すことを許され、これを写し終わった同年の四月十四日に、法然聖人にそのことを報告したところ、法然聖人自ら筆を執られて、その一枚目に、「選択本願念仏集」という内題《ないだい》とともに、「南無阿弥陀仏《なもあみだぶつ》　往生之業《おうじょうしごう》　念仏為本《ねんぶついほん》」（『註釈版聖典』四七二頁）と書かれました。さらに親鸞聖人は、その頃ご自身が名乗られていたお名前の「釈綽空《しゃくのしゃくくう》」と書いていただいたということです。

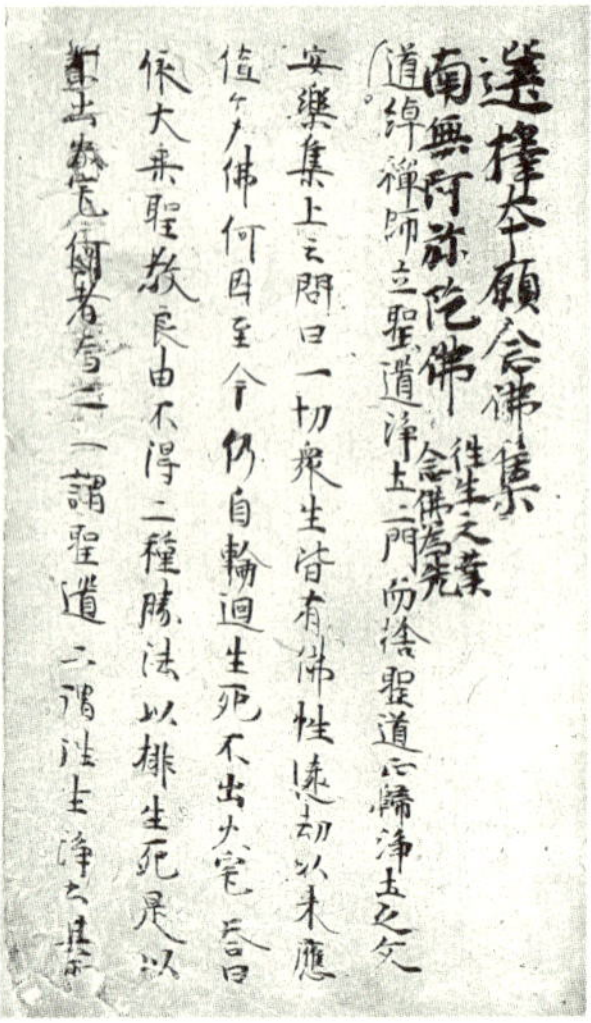
選擇本願念佛集
南無阿彌陀佛　往生之業　念佛爲先
道綽禪師立聖道淨土二門而捨聖道正歸淨土之文
安樂集上云問曰一切衆生皆有佛性遠劫以來應
値多佛何因至今仍自輪廻生死不出火宅答曰
依大乘聖教良由不得二種勝法以排生死是以
不出火宅何者爲二一謂聖道二謂往生淨土其

『選択本願念仏集』（廬山寺本）

法然聖人に書いていただいたお言葉は、往生するためには南無阿弥陀仏のお念仏を称えることが根本と考えなさい、という意味でした。

　この頃、法然聖人がおられた東山吉水のもとには、専修念仏の教えを受けるためにたくさんの人が集まっていましたが、法然聖人から『選択集』を書き写すことを許された門弟はほとんどいなかったのです。

　そのようななかで、親鸞聖人が法然聖人から『選択集』を書き写すことを許されたということは、法然聖人が説かれている専修念仏の教えについて、親鸞聖人がしっかり受けとめていたことを、法然聖人から認めていただいたということです。

　それでは、この『選択集』とは、いったいどのようなお聖教《しょうぎょう》なのでしょうか。

親鸞聖人は、先ほど紹介しました『教行信証』の「化身土文類」末尾の「後序」において、『選択集』について記されています（『註釈版聖典』四七三頁）。ここには、「禅定博陸《ぜんじょうはくりく》（月輪殿兼実《つきのわどのかねざね》、法名円照《えんしょう》）」の求めによって、法然聖人が撰集《せんじゅう》されたものので、浄土真宗の教えのかなめであり、他力念仏の深い思し召しがおさめられているとされています。ここにある禅定とは出家して仏門に入った人のことで、博陸とは関白という役職の中国での呼び方です。さらに月輪殿兼実とあり、これらのことから、九条兼実は天皇を補佐する関白に就いていましたが、その後引退して出家していることがわかります。

九条兼実は、平安時代の終わりから鎌倉時代の初めにかけて、摂政・関白を務めて政治の中心にいた人物で、親鸞聖人が天台僧として出家された時の戒師を務めた慈円の兄にあたります。このような立場にある兼実ですが、法然聖人の専修念仏を熱心に信じる人物でもあり、その教えの内容を書物にまとめてほしいと願ったようです。

このように『選択集』は、九条兼実の要請によって法然聖人が撰述されたもので、それが完成したのは建久《けんきゅう》九年（一一九八）のこととされています。『選択集』は、法然聖人の代表的な著述で、末法を迎えたこの時代に念仏が最も相応《ふさわ》しい教えであることを表明されたものです。

このように重要な念仏の教えを著した書物ですが、法然聖人の在世中にこれを写すことを許されたのは、先にも少し触れたように、数多くの門弟のなかでも、親鸞聖人のほかには隆寛《りゅうかん》や証空《しょうくう》などわずかに十人程度しか知られておらず、法然聖人が最も信頼していた人たちでした。

そのことは、『選択集』の末尾において、

一たび高覧《こうらん》を経《へ》て後《のち》に、壁《かべ》の底《そこ》に埋《うず》みて、窓《まど》の前《まえ》に遺《のこ》すことなかれ。

（『註釈版聖典（七祖篇）』一二九二頁）

と記され、法然聖人自身、「読み終わったら後は壁の底に埋めて、窓の前に遺《のこ》してはならない」と述べられていることからわかります。つまり、法然聖人は、専修念仏の教えはわかりやすいものですが、中途半端な知識で『選択集』を読むと、自身が説いた教えを誤解される可能性があることを心配されていたようです。このため、法然聖人が説かれているお念仏の教えをきっちりと理解した人にのみ書写を許されたようです。

親鸞聖人が『選択集』を書き写すことを許されたのは、建仁元年（一二〇一）に法然聖人のもとに入られてから四年目のことになります。

このことは、承安五年（一一七五）に法然聖人が専修念仏を始められてから三十年も経過しているなかで、親鸞聖人は、非常に短い年月で法然聖人の専修念仏を確かに理解していることを認められた、数少ない門弟の一人といえます。

親鸞聖人は、法然聖人から『選択集』の書写を許されたことを『教行信証』に書き残されており、このことに深い感銘を受けておられたことがわかります。

法然聖人真影の制作

続いて、『教行信証』「化身土文類《けしんどもんるい》」末尾の「後序」には、親鸞聖人が法然聖人の真影《しんねい》を制作されたことが記されています（『註釈版聖典』四七二頁）。

これによると、親鸞聖人は法然聖人から特別に『選択集』を書写することを許され、書写が完成したため、法然聖人のもとにそのことを報告されたのが、元久二年（一二〇五）四月十四日のことでした。さらに、その同じ日に法然聖人の肖像画である真影をお預かりして、図画《ずが》することを許されたのでした。

そして同じ年の閏七月二十九日に真影が完成したので、これを持って法然聖人のもとに行かれました。その時、真影の銘《めい》（讃）として、法然聖人の自筆で「南無阿弥陀仏」のお名号と、「阿弥陀如来が仏になったならば、衆生《しゅじょう》が念仏すれば必ず浄土に往生させると誓われた本願」について述べられている、『往生礼讃《らいさん》』のなかの真実の文《もん》を書いていただいたとされています。また、この日、親鸞聖人は、「綽空」という名を改められて、法然聖人から新しい名を書いていただかれました。

閏月というのは、旧暦（太陰暦）にあるもので、およそ三年に一度、一カ月増やして年の周期を調整するものです。親鸞聖人が法然聖人から真影の図画を許された元久二年は七月が二度あり、二度目の七月が閏月となります。ですから親鸞聖人は、四カ月半で法然聖人の真影を制作されたことになります。

ここで気づくことは、親鸞聖人が法然聖人の門下におられた頃には、既に法然聖人の影像《えいぞう》が制作されていたということです。

生前に制作された肖像画は、特に「寿像《じゅぞう》」と呼ばれ、その人物の長寿を祈念したり、あるいは尊崇《そんすう》の意を表したりする目的で作られます。つまりこの影像は、法然聖人が多くの門弟から尊崇されていたことを表すものといえます。

さらに親鸞聖人は、法然聖人から『選択集』の書写と真影の図画を許されたことについて、念仏による往生が定まったことの証《あかし》であり、その喜びの涙を抑えきれないとも記されているのです。

親鸞聖人は、法然聖人の真影を制作した時、自身が名乗られていた「綽空」の名を改めたと記されています。親鸞聖人の頃には、一般的にいろいろな転機に際して名前を変えることはよく行われていました。

まず、子どもの頃に名乗る名前は幼名《ようみょう》（童名《どうみょう》）といわれます。親鸞聖人は幼少の頃、「松若麿《まつわかまろ》」や「鶴充麿《つるみつまろ》」と名乗っていたとされますが、これは江戸時代になってから出てくる説で、実際の親鸞聖人の幼名についてははっきりとはわかっていません。

そして、『御伝鈔』の「出家学道」では、親鸞聖人が治承五年（一一八一）、天台僧として出家された時には、「範宴《はんねん》少納言《しょうなごん》」と名乗られたとされています。ここにある範宴とは僧侶としての法名で、おそらく父・日野有範か伯父・日野範綱の「範」の字をいただいて付けられたものと考えられます。また少納言というのは仮名《けみょう》といわれる呼び名にあたるものです。

その後、比叡山を下りた親鸞聖人は、天台僧を辞めて法然聖人のもとで専修念仏に帰入されますので、この時に名を改められました。

法然聖人のもとにおられた時、最初に名乗られていたのが「綽空」でした。このことは、書写を許された『選択集』に法然聖人から書いていただいたことが『教行信証』に書かれていますし、「七箇条制誡」にも綽空と署名されていることからわかります。

そして、法然聖人の真影を制作された時には、夢のお告げに従って綽空の名を改められたのです。ところがこの時どのような名に変えられたのかについては、親鸞聖人自身は書かれていません。

覚如上人の長男の存覚《ぞんかく》上人が著した『六要鈔《ろくようしょう》』には、聖徳太子のお告げによって「善信《ぜんしん》」と改めたとあるため、この時から善信と称したとも考えられてきました。ところが、戦国時代に編集された「日野一流系図」では、「善信房綽空」とあるのを夢告によって「親鸞」と改めたとされています。

親鸞聖人の名前を考えていきますと、聖人自身名号や聖教には「親鸞」と署名されていますので、これが実名と考えられます。そうすると、「善信」は房号という僧侶としての呼び名にあたります。「名」を改めたということは実名を改めたということですから、法然聖人の真影制作の時、「綽空」を「親鸞」と改められたとする説が有力になってきています。

恵信尼さまとの出会い

親鸞聖人は結婚されました。その妻としては、恵信尼さまという女性が知られていま す。また、江戸時代には聖人の妻としては玉日《たまひ》という女性がいたともいわれたり、玉日と恵信尼さまが同一人物であるとも考えられたりしていました。ところが、聖人の妻として実在が確認できるのは恵信尼さまだけです。

恵信尼さまが晩年に末娘の覚信尼さまに宛てて出されたお手紙である『恵信尼消息』が、本願寺の宝庫に残されています。このうち、弘長《こうちょう》三年（一二六三）に送られたお手紙には、自身の年齢が八十二歳になったと書かれていますので、ここから逆算しますと、恵信尼さまは寿永《じゅえい》元年（一一八二）に誕生されたことがわかり

恵信尼絵像（龍谷大学図書館蔵）

ます。ですから、親鸞聖人よりも九歳年下であったことになります。

恵信尼さまはお手紙のなかで、自身のことを「恵信」や「ゑしん」と署名されているほかに、「筑前」と名乗られていましたが、仏門に入って尼《あま》としての生活を送るようになってからは、法名を「恵信」と名乗られたようです。恵信尼さまが仏門に入られたきっかけは、どうも親鸞聖人の示寂《じじゃく》にあったようで、夫の聖人が先に亡くなられ、その後は仏門に入ることを表明されて尼としての生活を送られたようです。

「日野一流系図」によると、恵信尼さまは三善為教《みよしためのり》の娘であったとされています。

恵信尼さまの父の三善為教（他の記録では「為則」とも書かれています）は、兵部《ひょうぶ》大輔《だいすけ》という役職に就いていたとありますが、その他にも越後介《えちごのすけ》という役職にも就いていたことが知られています。

「介」とは朝廷が各国に置いた地方行政官の二番目の役職で、副知事のような立場になりますから、越後介とは今の新潟県の副知事のようなことになるでしょう。三善為教はこの役職に就いていたため、かつては越後の豪族であったと考えられていました。ところが、当時の「介」は地元の豪族が就くポストではなく、通常は都から派遣される役人ですから、恵信尼さまの父は京都の下級役人であったと考えられるようになってきました。

このことから、恵信尼さまは京都で生まれ育ち、京都で親鸞聖人と出会われたものと考えられるのです。

そして、本願寺第三代覚如《かくにょ》上人がまとめた『口伝鈔《くでんしょう》』のなかに、恵信尼さまについて「男女六人《なんにょろくにん》の君達《きんだち》の御母儀《ごぼぎ》」(『註釈版聖典』八九三頁)と書かれているところから、親鸞聖人との間には、六人の子どもをもうけられたことがわかります。

恵信尼さまが京都の役人の娘であるのならば、親鸞聖人は恵信尼さまとどこで出会われたのでしょうか。

『恵信尼消息』のなかには、若い頃の親鸞聖人のことが書かれています。先に記したように、そこには比叡山で堂僧をされていた親鸞聖人が六角堂に参籠されたことや、その後、法然聖人のもとに百日間通われて聴聞されていたことが、事細かに書かれており、親鸞聖人が法然聖人のもとに通われたことについては、恵信尼さま自身が非常にリアルな書き方で表現されていることがわかります。

また、恵信尼さまの父である三善為教は、法然聖人から専修念仏の教えを受け、その門弟でもあった九条兼実の日記『玉葉』に出てくることから、兼実と近《ちか》しい立場にある人物とみられ、九条家の家司《けいし》であったと考えられます。家司とは、「いえのつかさ」とも呼ばれ、上級公家に仕えてその家の事務などを担当する役人のことです。三善氏は、藤原摂関家に仕える家司という立場で、九条家の意向を受けて地方の国司に任命されて赴任していたようです。

さらに、恵信尼さまが仏門に入る前に名乗られていたと考えられる「筑前」という名も、どうも父である三善為教が九条家に仕えていた関係から、恵信尼さま自身も九条家に仕えていた時から名乗られていた呼び名であると考えられます。

恵信尼さまのお手紙の端々《はしばし》には、念仏の教えをよく理解されていることが読み取れることや、九条兼実との関係から、恵信尼さまは法然聖人のもとで念仏の教えを聴聞されていたものと考えられます。そのような環境のなかで、法然聖人の吉水の草庵に毎日通ってくる親鸞聖人の姿を見られ、そのことを晩年になって覚信尼さまに伝えられたのでしょう。

このようなことから、親鸞聖人と恵信尼さまは、法然聖人のもとで念仏の同朋《どうぼう》として出会われたものと考えられるのです。

聖人の結婚と「坊守」

親鸞聖人が僧侶でありながらあえて結婚することを選び、子どもをもうけて家族をもつ生活を送られたことには、いったいどのような意味があるのでしょう。

仏教教団には、そのなかで守るべき規律として戒律《かいりつ》がありました。戒律は、自律的な生活規範としての「戒」と、他律的な規則としての「律」によって定められたものとされますが、実際にはそれほど厳密には区別されていませんでした。そして戒律には、在家者が守るべき五戒《ごかい》から、出家者の具足戒《ぐそくかい》（悟りの境地に近づくために守らなければならない戒律）まで、各種の戒がありました。

日本における本格的な戒律は、八世紀中頃に中国・唐から来日した鑑真《がんじん》によってもたらされましたが、その後最澄は、大乗《だいじょう》仏教では大乗戒（仏道修行に努める在家者や出家者が等しく守らなければならないとされる戒律）を用いるべきとして、具足戒の不要を主張しましたので、以降戒律は有名無実化していきました。

親鸞聖人が比叡山で修行されていた平安時代後期には、戒律のなかの五戒の一つとして、仏教に帰依《きえ》した者が男女の性行為を禁止する「不邪淫戒《ふじゃいんかい》」というものがあり、表面的には戒律を守っているとしつつも、実際には僧侶に子どもがいて、その子どもに自身の法系を相続される（真弟《しんてい》相続）ということも行われていました。

そして、仏教の全宗派で僧侶の結婚が認められるようになるのは、明治五年(一八七二)に明治政府の布達《ふたつ》によってですから、その時まで僧侶の結婚は公式には認められていなかったということです。

このようななか、親鸞聖人は仏教界で守るべきとされていた戒律に対し、結婚して、あえてそのことを表明されました。聖人による結婚の表明以来、真宗教団では僧侶が結婚し家族を持つことが当たり前のこととして、世間でも認められるようになりました。

これは、親鸞聖人自身が僧侶として特別な存在であるのではなく、民衆と同じ立場にあって、ひとりの人間として人生を歩むことを宣言されたものです。

親鸞聖人は、法然聖人の門下におられた時に恵信尼さまと結婚されたようで、その後、越後(新潟県)から関東、さらには京都へと移られましたが、それぞれの地では恵信尼さまや子どもたちとともに家族で行動されていました。

親鸞聖人の結婚について、『親鸞聖人御因縁《ごいんねん》』という書物には次のようなお話が伝わっています。

親鸞聖人が法然聖人の門下におられた時、同じく法然聖人の専修念仏の教えを受けていた人物に九条兼実がいました。兼実は、「玉日」という自身の七番目の娘を、法然聖人の門弟のうちでしっかりした人物と結婚させたいと、申し出てきました。そこで、法然聖人は親鸞聖人を推薦されたので結婚することとなりました。親鸞聖人は、結婚されて三日後にその女性と一緒に法然聖人のもとを訪れ、法然聖人に妻を紹介されました。この時、親鸞聖人の妻を見た法然聖人は、「子細《しさい》なき坊守《ぼうもり》なり」、つまり「申し分のない坊守ですね」とおっしゃったということです。

親鸞聖人が九条兼実の娘・玉日と結婚されたとする伝説は古くからあるようですが、九条兼実に玉日と名乗る娘がいたことを確認できませんので、親鸞聖人が九条兼実の娘と結婚したということは事実として認めることはできません。このように考えると、このお話は取るに足りない作り話と受け取られそうです。

このお話が収められている『親鸞聖人御因縁』という書物は、いわゆる「談義《だんぎ》本《ぼん》」と呼ばれる系統の書物で、お聖教のようにしっかりした内容ではないけれども、法義などをわかりやすく説き明かしたものとされます。この書物には、親鸞聖人について書かれた後に、関東に起源をもつ真宗佛光寺《ぶっこうじ》派本山の佛光寺の初期の歴代について書かれていることから、関東で伝わったお話を、鎌倉時代終わりから南北朝期にまとめられたものと考えられるのです。

住職の妻を「坊守」と呼ぶことは、古くから全真宗教団において共通しています。ですから、真宗内において坊守という言葉が定着するのは意外と早いようです。

親鸞聖人は、戒律にとらわれないで、結婚して夫婦で念仏を守っていくことを表明されました。以来真宗教団では、僧侶が結婚することは通常のこととして行われるようになり、早い段階から住職の妻を「坊守」として、念仏を護り広めていく重要な役割を担っている存在として位置付けていったのです。

なお現在では、坊守は住職の妻に限らず、住職の配偶者などを指す言葉へと解釈が広がっています。

「興福寺奏状」の提出

法然聖人が、京都東山の吉水において、専修念仏の教えを説かれていたことに対して、比叡山や奈良の興福寺などから批判がなされるようになりました。

先の比叡山からの非難に対しては、元久元年（一二〇四）に、法然聖人が「七箇条制誡」を出して門弟たちの行動を制限しましたので、一旦は収まりましたが、その後、さらに既成教団から非難がなされるようになりました。

元久二年十月には、興福寺の指導的立場の僧侶たちから朝廷に対して、法然聖人が勧める専修念仏を糾明《きゅうめい》するよう訴えが出されました。その文章を起草したのは、京都府南部の笠置寺《かさぎでら》の解脱房貞慶《げだつぼうじょうけい》とされています。これが「興福寺奏状」と呼ばれるものです。「奏」という字は天皇に申し上げるという意味をもっていますので、天皇（朝廷）に対して提出されたことがわかります。

この「興福寺奏状」では、法然聖人の専修念仏には九つの過失があるとして非難しています。興福寺が指摘する過失とは次のようなものです。

第一には、「新宗を立てるの失《しつ》」として、朝廷の許可を得ずに一宗を立てた。

第二には、「新像を図《ず》するの失」として、専修念仏者のみが阿弥陀如来の光明によって救われるとする。

第三には、「釈尊を軽んずる失」として、阿弥陀如来以外の仏を礼拝《らいはい》せず、仏教を開いて阿弥陀仏を説いた釈迦如来を軽んじている。

第四には、「万善を妨げる失」として、『法華経』を読む者は地獄に堕《お》ちるとする。

第五には、「霊神に背《そむ》く失」として、もし神明をたのめば魔界に墜《お》ちるとする。

第六には、「浄土に暗い失」として、専修念仏者は大乗経典の読誦《どくじゅ》や塔像を立てることなどの諸行往生を拒否している。

第七には、「念仏を誤る失」として、専修念仏者は、最上の観念の念仏を捨てている。

第八には、「釈衆を損じる失」として、専修念仏者は、囲碁《いご》・双六《すごろく》・女犯《にょぼん》・肉食《にくじき》は往生を妨げないとして実践している。

第九には、「国土を乱す失」として、専修念仏が盛んになると仏法は滅んで国土は乱れてしまう。

ここにおいて興福寺が非難する内容は、興福寺や比叡山など、いわゆる八宗《はっしゅう》と呼ばれる旧仏教側の立場での主張です。

八宗とは、奈良の南都六宗《なんとりくしゅう》（三論《さんろん》・成実《じょうじつ》・法相《ほっそう》・倶舎《くしゃ》・華厳《けごん》・律《りつ》）及び、天台宗と真言宗のことです。これらの仏教諸宗は、奈良時代から平安時代にかけて支配者層の保護を受けながら存続してきたことから、旧来の体制を維持することを目指していたようです。

「興福寺奏状」は朝廷に提出されましたが、朝廷ではこの訴えに対して直ぐには対応していません。

興福寺の訴えを受けて、その折衝《せっしょう》にあたったのは、法然聖人の専修念仏に入門していた九条兼実と親しい関係にあった、三条長兼《さんじょうながかね》という人物でした。長兼は、当時政治の中心にいた摂政の九条良経《よしつね》に、その対処について相談しています。ところが良経は九条兼実の息子でしたから、専修念仏に理解があったようです。そこで、法然聖人本人ではなく、門弟の二人を興福寺の訴えた内容に近づけて処罰することで解決しようとしました。

そしてそのことについて朝廷において審議されたのですが、この時の経緯が『三《さん》長記《ちょうき》』という長兼の日記に書き残されています。その日記によると、「もし朝廷の命令によって念仏が衰微することになったならば、それこそ罪業《ざいごう》だ」と言っており、さらに法然聖人に対しては「源空上人」というように敬称をつけて記しているのです。

つまり朝廷側では、このような興福寺からの訴えに対して、多くの人が納得していなかったようで、どちらかというと困惑した様子であることがわかります。元来、藤原氏の氏寺として創建された興福寺は、藤原氏と非常に深い関係にありました。九条家や三条家などの朝廷に仕える公家の多くは藤原氏から出ているため、興福寺の訴えを無視することもできないという立場でもあったようです。

この時のやりとりから、この頃、時代は確かに動き出していることがわかります。公家・武家から一般民衆にいたるまで、幅広い階層の人たちが法然聖人の説く専修念仏に集まり、念仏の教えを支持するようになってきたのでした。

承元の法難

建永《けんえい》二年（一二〇七）二月になって朝廷は専修念仏の停止《ちょうじ》を言い渡しました。まさに元久二年（一二〇五）十月に「興福寺奏状」が朝廷に提出されてから、一年四カ月も経ってからでした。

この時、法然聖人とその門弟七人が流罪となり、門弟の四人が死罪とされました。

実は、建永二年は十月二十五日になって「承元《じょうげん》」と改元されます。ですから厳密にいうと、この年の二月はまだ承元元年にはなっていません。ところが親鸞聖人は、『教行信証』の「化身土文類」末尾の「後序」において、朝廷から念仏停止を言い渡されたことを、「承元丁卯《じょうげんひのとのう》の歳《とし》、仲春上旬《ちゅうしゅんじょうじゅん》の候《こう》に奏達《そうたつ》す」（『註釈版聖典』四七一頁）と記されています。この記載を尊重して、真宗ではこれを「承元の法難《ほうなん》」と呼びます。ところが、浄土宗ではこの事件を「建永の法難」といっています。呼び方は異なりますが同じものです。

親鸞聖人の語録を集めた『歎異抄』の末尾に付けられた「流罪記録」では、法然聖人は土佐国《とさのくに》（高知県）幡多《はた》に、親鸞聖人は越後国《えちごのくに》（新潟県）に、浄聞房《じょうもんぼう》は備後国《びんごのくに》（広島県）に、禅光房《ぜんこうぼう》澄西《ちょうさい》は伯耆国《ほうきのくに》（鳥取県）に、好覚房《こうかくぼう》は伊豆国《いずのくに》（静岡県）に、法本房《ほうほんぼう》行空《ぎょうくう》は佐渡国《さどのくに》（新潟県）に、それぞれ流罪とされたとなっています。また、成覚房《じょうかくぼう》幸西《こうさい》と善恵房《ぜんえぼう》の二人は流罪を言い渡されましたが、慈円が身元引受人となったため、流罪地には赴《おもむ》いていません。

この他に死罪を言い渡されたのが、善綽房《ぜんしゃくぼう》西意《さいい》、性願房《しょうがんぼう》、住蓮房《じゅうれんぼう》、安楽房《あんらくぼう》遵西《じゅんさい》でした。

結局、この時に朝廷から言い渡された念仏停止によって法然聖人は京都を後にされたため、その後、京都の専修念仏は停滞することになりました。

ただこの念仏停止は、先に奈良の興福寺が提出した「興福寺奏状」の内容を受けて朝廷が言い渡したものと考えるのには、少し疑問が残ります。それは冒頭でも申しましたように、興福寺が訴えてから一年四カ月も経過していることからです。現在のように裁判制度が厳密に定められている時代でしたら、判決が言い渡されるまで時間がかかるのですが、この当時は朝廷が独断的な決定権をもっていましたから、本当に罪を犯したのならば、罪科《ざいか》を決めるのはもっと早かったはずです。さらにもう一つには、専修

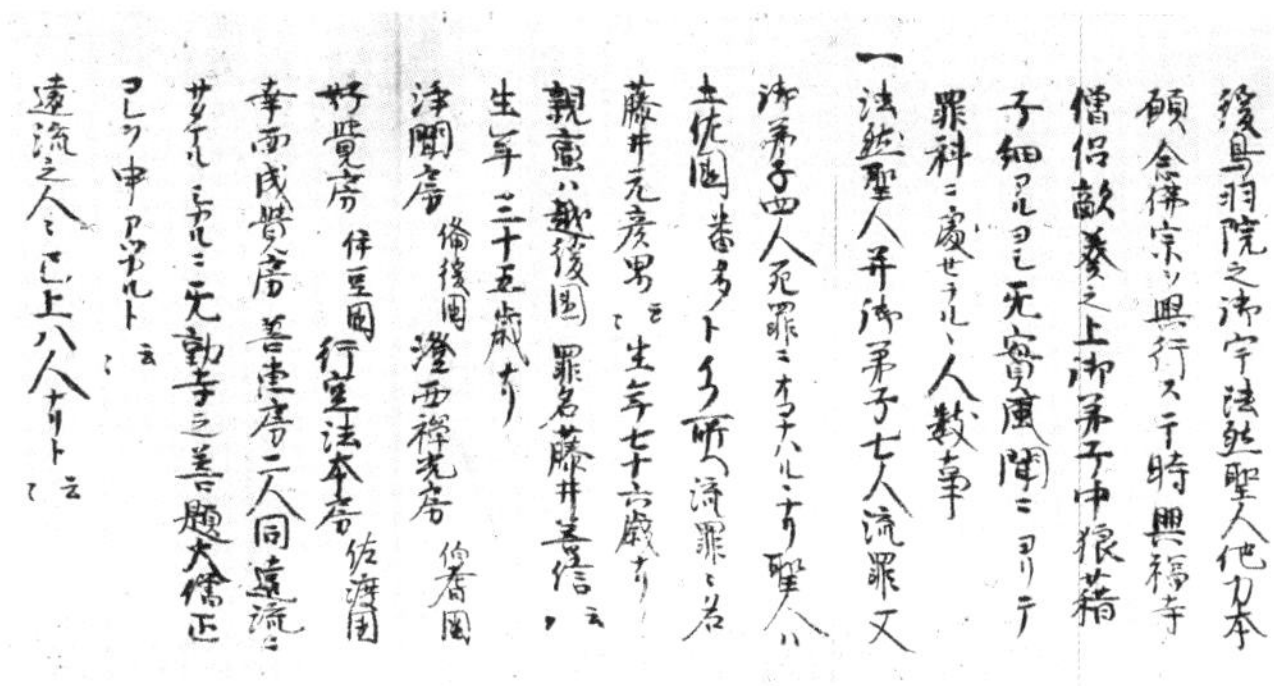
後鳥羽院之御宇法然聖人他力本願念佛宗ヲ興行ス于時興福寺僧侶敵奏之上御弟子中狼藉子細アルヨシ无實風聞ニヨリテ罪科ニ處セラルヽ人數事
一 法然聖人并御弟子七人流罪又御弟子四人死罪ニオコナハルヽナリ聖人ハ土佐國番多ト云所ヘ流罪ヽ名藤井元彦男云々生年七十六歳ナリ
親鸞ハ越後國罪名藤井善信云々生年三十五歳ナリ
淨聞房 備後國　澄西禪光房 伯耆國
好覺房 伊豆國　行空法本房 佐渡國
幸西成覺房善惠房二人同遠流ニサタマルシカルニ無動寺之善題大僧正コレヲ申アツカルト云々
遠流之人々已上八人ナリト云々

『歎異抄』流罪記録（本願寺蔵）

念仏を広めている根本の法然聖人が死罪ではなく、流罪とされているところです。

これらのことから、念仏停止を最終的に決定した後鳥羽上皇《ごとばじょうこう》も含めて、朝廷では必ずしも念仏が国を乱すものと受けとめていたのではなく、この時の念仏停止の直接的要因は他にあったのではないかと考えられるのです。

念仏弾圧によって死罪を言い渡された法然聖人の門弟のなかに、安楽や住蓮たちがいたことが、承元の念仏弾圧に大きく関わっていたと考えられています。

「法然上人絵伝」によると、後鳥羽上皇は、建永元年（一二〇六）の十二月九日から紀伊国《きいのくに》（和歌山県）の熊野社へ参詣に赴いて京都を留守にしていました。ところがその間に、安楽と住蓮らが東山鹿ケ谷《ししがたに》において別時《べつじ》念仏を催し、善導大師の『往生礼讃《おうじょうらいさん》』による六時礼讃《ろくじらいさん》をつとめていました。このおつとめには、多くの参詣者がいたようで、そのなかに後鳥羽上皇のもとに仕えていた女官がいました。

そしてこの時、安楽・住蓮らが行った念仏の節回《ふしまわ》しにたいそう感動した女官は、その場で出家してしまったというのです。

他の記録によると、安楽は「日本一の美僧」であり、美声で有名だったとされています。また、安楽らが催した六時礼讃では、決まった節によっておつとめが行われるのではなく、悲しみや喜びを表した音曲《おんぎょく》を用いて行われたため、その法会のやり方が非常に珍しく、参詣した人の多くはその雰囲気に引き込まれて出家したようです。

十二月二十八日に熊野詣《もうで》から帰洛した後鳥羽上皇は、自分の留守の間に女官が出家したという讒言《ざんげん》を受けて、これに激怒し、年が改まってから法然聖人の専修念仏に弾圧を加えたのです。

このように、安楽・住蓮らが催した法会に参詣した女官の出家事件が念仏弾圧の直接の原因であったとされています。

親鸞聖人は、この時の念仏弾圧に対して、先に挙げた『教行信証』の部分に続いて、主上臣下《しゅじょうしんか》、法《ほう》に背《そむ》き義《ぎ》に違《い》し、忿《いか》りを成《な》し怨《うら》みを結《むす》ぶ。

（『註釈版聖典』四七一頁）

として、法然聖人の門弟が行ったことの罪を考えずに、猥《みだ》りに死罪を言い渡したとして、後鳥羽上皇らを責めています。親鸞聖人は、当時の法律などに則ったなら、女官を出家させただけでは死罪に値しないとして、怒りを露わにされているのです。

流罪の地・越後

建永二年二月上旬、朝廷から流罪を言い渡された親鸞聖人は、その配所《はいしょ》を越後国（新潟県）と定められました。

親鸞聖人はなぜ流罪先を越後国とされたのでしょうか。

親鸞聖人は、法然聖人のもとにおられた頃に恵信尼さまと結婚されたと考えられています。先に記したように、恵信尼さまの父は、三善為教という九条家の家司を務める人物であったようです。九条兼実の日記『玉葉』によると、治承二年（一一七八）一月に三善為教（則）が越後介を解任されたことが記されています。このことをはじめ、三善氏は越後国と深い関係をもち、その一族がしばしば越後の国司となっています。

さらに興味深いことは、親鸞聖人の流罪が決定する直前の建永二年一月には、聖人の伯父の日野宗業《むねなり》が「越後権介《ごんのすけ》」として臨時に任ぜられていることがわかっています。

「介」とは、各国におかれた行政官のうち、長官の「守《かみ》」の次に位置する二番目のポストで、「権介」とは名目上の役職で、直接現地に赴任せずに京都に留まっていることが認められました。

古代以来、流罪を言い渡された罪人は、都から遠く離れた地に追いやられました。ところが、単に都から離れた地に追いやり放っておくだけでは、その地でまた勝手なことをする恐れがありました。そこで流人《るにん》は、中央政府の目が届く行政などの管理下におかれたのでした。そのためには流罪先において、流人の身柄を受け入れられる体制が整っていなければならなかったのです。

このような理由から、親鸞聖人が流罪になるにあたっては、妻である恵信尼さまの出自の三善氏が、赴任中に現地の役人と聖人を受け入れてくれるような関係を結んでいた、越後国が選ばれたと考えられます。そしてさらに受け入れ体制を万善にするために、伯父の日野宗業を直前に越後権介に任じたのでしょう。

実際、親鸞聖人と同じく流罪とされた法然聖人は、土佐国（高知県）の幡多を流罪先と定められました。この地には摂関家の荘園があり、法然聖人が流罪になったこの頃には、九条家が荘園領主を務めていたのです。結局、法然聖人は、土佐国までは赴かず、九条家の影響下にあった讃岐国《さぬきのくに》（香川県）に留まられました。ですから、法然聖人の流罪先についても、法然聖人が説かれた専修念仏に傾倒していた九条兼実の配慮があったようです。

このようにして、親鸞聖人はその流罪先を越後国と定められたのでした。親鸞聖人の流罪先について、『御伝鈔』によると「配所越後国《はいしょえちごのくに》　国府《こくぶ》」(『註釈版聖典』一〇五四頁）とされています。

国府とは、古代から中世にかけて各国の行政の中心となっていた場所で、中央政府から派遣された国司は、国府にある国庁《こくちょう》とよばれる施設において事務を執っていました。このため国司は任期中に、ここに常駐している地方役人と深い関係を持つようになっていきます。

国府は、古代以来各国の政治・経済・文化の中心でした。このため、奈良時代には、鎮護国家の理念のもとに国毎《くにごと》に国分寺が建立されるようになると、通常はその国の中心にあたる国府に近いところが、その創建の地として選ばれました。さらに、平安時代後期から中世にかけては、神社の格としての「一宮《いちのみや》」が定められるようになった時も、多くは国府に近い神社がそれに選ばれたことが確認できます。

また、越後国の国府の場所については、江戸時代の後期になって、親鸞聖人流罪のご旧跡が議論されるようになると、国分寺（上越市）の近くにある「小丸山坊《こまるやま》」という地が聖人の配所として定められ、その後これが国府別院とされました。確かに、国府別院の近くには国分寺があり、また越後一宮とされる居多《こた》神社があります（なお、弥《や》彦《ひこ》神社を越後一宮とする説もあります）。これらのことから、ここが越後国府のあった地と考えられるようになったのです。

ところが、現在の越後国分寺については、戦国時代に上杉謙信《うえすぎけんしん》が、居城としていた春日山城《かすがやまじょう》の城下にこれを移したともされています。このことから越後国府の場所を、現在よりもう少し南の、越後高田（上越市）の南方と考える意見も

国府別院

あります。

いずれにしても、越後国府の場所については、現在でも考古学による発掘からは確定されていないため特定できませんが、親鸞聖人は流罪となって、都から離れた越後国で生活することになられたのでした。

第四章　伝道の日々

僧にあらず俗にあらず

建永二年（一二〇七）二月、親鸞聖人は朝廷から流罪を言い渡されました。このことについて聖人は、『教行信証』「化身土文類」の「後序」において、

これによりて、真宗興隆《しんしゅうこうりゅう》の大祖源空法師《たいそげんくうほっし》ならびに門徒数輩《もんとすはい》、罪科《ざいか》を考《かんが》へず、猥《みだ》りがはしく死罪《しざい》に坐《つみ》す。あるいは僧儀《そうぎ》を改《あらた》めて姓名《しょうみょう》を賜《たも》うて遠流《おんる》に処《しょ》す。予《よ》はその一《ひと》つなり。しかれば、すでに僧《そう》にあらず俗《ぞく》にあらず。このゆゑに禿《とく》の字《じ》をもつて姓《しょう》とす。

（『註釈版聖典』四七一—四七二頁）

と述べられています。

親鸞聖人は流罪とされる際、藤井善信《よしざね》という俗名《ぞくみょう》を付けられました。これは、法然聖人が藤井元彦《もとひこ》と俗名を付けられたのと同じように、僧侶としての名を取り上げられ、俗人として流罪を言い渡されたことになります。

先に親鸞聖人の出家について述べた際にも少し触れましたが、その当時の制度に規定された僧侶の立場とはどのようなものだったでしょうか。そもそも、八世紀初めに国家によって定められた「律令」という法のなかにある「僧尼令《そうにりょう》」において、僧と尼の身分や義務などについての規定がなされています。この法の規定内にあった僧尼は、すべて国家に帰属していました。そして国家によって創建された寺院や国家に正式に認められた寺院に所属する僧尼は、国家のために存在しており、基本的にはその身分や生活は国家から保証されていました。このように国家に帰属していた僧尼は「官僧《かんそう》」と呼ばれます。

これに対して、国家に帰属しないで僧侶としての生活や活動をする者もいました。「入道《にゅうどう》」とも呼ばれる存在で、在俗でありながら剃髪《ていはつ》して僧尼の姿をとるけれども、寺には入らないという生活を送っていました。このような僧尼は「私度僧《しどそう》」などと呼ばれます。

親鸞聖人は、九歳で出家して仏門に入り、二十年間比叡山で修行されました。

この間は天台宗の僧侶として正式に認められた存在でしたので、官僧ということになります。ところが、建仁元年（一二〇一）に比叡山を下りて法然聖人のもとで専修念仏に帰しました。ですから、この時点で正式の僧侶としての地位を棄てていますので、本来はこの時点で、国家に帰属する正式の僧侶ではなくなっています。

さらに親鸞聖人は、建永二年（一二〇七）に朝廷から念仏停止を言い渡されて、越後国に流罪となるにあたって還俗《げんぞく》させられて、俗人の姓名を付けられたのでした。

本来ならば、比叡山を下りた時点で国家に帰属する正式の僧侶の地位を棄てたのですから、流罪の時、改めて国家から還俗させられる必要はなかったはずなのに、国家によって僧侶（私度僧）としての地位を奪われたのです。親鸞聖人は、あえてこのことを国家に帰属しない自身の立場として、「僧にあらず（非僧）」という表現をとられたのでしょう。

還俗させられて「僧にあらず」ということならば、本来は俗人であるはずでしよう。ところが親鸞聖人は、仏教者の本来の立場において求道《ぐどう》し、念仏を広めて他人《ひと》を仏道に導く伝道者としての活動を続けていくことからすると、決して完全な俗人ではないということから、さらに「俗にあらず（非俗）」と称されたのです。そして親鸞聖人は、自身で「禿《とく》」を姓とするとされています。

「禿」とは、『日本国語大辞典』（小学館）によると、「頭髪を剃った様子。また、形は僧であって、半僧半俗の生活をしている人をいう」とありますので、この文字だけでもまさに「僧にあらず俗にあらず」を表していることになります。

流罪となって以降の親鸞聖人は、しばしば自身の名前に「愚禿《ぐとく》」という表現を冠《かん》しています。このことは、昔、伝教大師最澄が比叡山に入った時の願文に、

愚が中に極《ごく》愚、狂《おう》が中に極狂、塵《じん》禿の有情《うじょう》、底下《ていげ》の最澄

（私は愚か者のなかでも極めて愚かな存在であり、正常でないなかでも極めて悪い状態であり、煩悩《ぼんのう》の塵《ちり》にまみれた衆生《しゅじょう》そのものである。このように最低の存在が最

澄自身である）

と述べた言葉に基づいているのではないかと考えられています。親鸞聖人は、最澄が自身を反省した精神にならって、自身を「愚禿」と称されたのでしょう。

また、「僧尼令」の規定によると、罪を赦《ゆる》されると、還俗が解かれて僧尼に戻ることができるとされています。親鸞聖人は、越後国に流罪となって四年後の建暦《けんりゃく》元年（一二一一）十一月に罪を赦されました。ところが聖人は、罪を赦された後も京都に帰って国家に認められた僧になることはなく、その後も「愚禿」と称されました。

流罪後に、親鸞聖人が自身を「僧にあらず俗にあらず」「愚禿」と主張されたことは、国家に依らない真の仏教者としての自覚を言い表されたものです。親鸞聖人は生涯「非僧非俗」を貫かれましたが、そこには在俗に身を置きつつ念仏者として伝道することを追求し続けるという精神があったからでしょう。

罪人としての苦労

念仏停止によって流罪となられた親鸞聖人は、どのように流罪先の越後国に赴かれたのでしょうか。

親鸞聖人に罪を言い渡した主体は朝廷でした。このため罪人としての扱いは朝廷による法律に従った手続きに則って、流罪にされたものと考えられます。

当時、京都の朝廷で採用されていた法律は、先に触れた八世紀初めに定められた「律令」と呼ばれる基本法をもとに、その後、平安時代になって追加された「格式《きゃくしき》」というものでした。この法律に従って親鸞聖人は流罪に処せられたようですが、その法律のなかでは、流人は妻を伴って流罪地に行くことと定められていました。

京都で恵信尼さまと結婚されたと考えられる親鸞聖人は、妻の恵信尼さまとともに越後に赴かれたようです。さらに、この頃にはすでに聖人と恵信尼さまの間には子どもがいたものと考えられます。

それは、恵信尼さまが晩年に末娘の覚信尼さまに送られたお手紙のなかで、承元五年（一二一一）三月三日に、流罪先の越後において、第三子の信蓮房《しんれんぼう》（明《みょう》信《しん》）が誕生したことがはっきり書かれているからです。

さらに「日野一流系図」によると、信蓮房より先に小黒女房《おぐろのにょうぼう》と慈信房善鸞《じしんぼうぜんらん》という二人の子どもがいたことになっています。その二人がいつ誕生したのかについて、はっきりした記録はありませんが、信蓮房の誕生時期を考えると、流罪を言い渡された時には、すでに子どもが誕生していたとしてもおかしくありません。そうすると親鸞聖人は、京都から流罪先の越後国府まで、小さな子どもを伴っての旅となったものと考えられます。

また、越後までの行程について、聖人がどのような道を通られたのかは、当時の記録には残されていません。ところが、江戸時代中期の元文《げんぶん》三年（一七三八）に

【日野家略系図】

- 親鸞 ―― 範意（印信）
- 親鸞 ＝ 恵信尼
  - 小黒女房
  - 慈信房善鸞
  - 栗沢信蓮房（明信）
  - 益方入道（有房）
  - 高野禅尼
  - 覚信尼

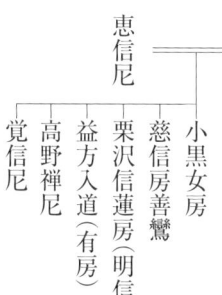

学僧の先啓《せんけい》が聖人の旧跡を編集した『大谷遺跡録《ゆいせきろく》』によると、越後の「木浦《このうら》」(現・新潟県糸魚川市浜木浦)から船に乗って、国分寺(現・上越市)近くの「居多ヶ浜《こたがはま》」に上陸されたことになっています。

越後に至る北陸道については、奈良時代から平安時代初めまでは、近江国(滋賀県)の琵琶湖の東を通って日本海に出る道でしたが、平安時代中期には京都から琵琶湖の西を経て日本海に至る道が整備されていましたので、親鸞聖人は罪人として、陸路を国から国に送られていったのではないかと考えられます。

それでは、流罪地の越後国に赴かれた親鸞聖人は、その地においてどのような生活をされていたのでしょうか。

親鸞聖人が越後国府に受け入れられたといっても、一応は罪人という扱いになりますので、決して優遇されていたというわけではないようです。流罪地では、あくまでも受け入れ先が監視するということになります。親鸞聖人が流罪地でどのように暮らしておられたのかについては、はっきりとした記録は残されていません。そこで、当時の流人とはどのような待遇を受けていたのかについて考えてみましょう。

先の「律令」によると、流人は流罪となった最初の一年間は、一人につき一日に米一升《しょう》と塩一勺《しゃく》が支給され、その翌年の春には稲の種子が与えられて耕作に従事し、その年の秋の収穫からは米・塩・種子の支給がなくなり、そこからは自給自足の農耕生活をすることになっていたようです。

さらに親鸞聖人は、流罪地の越後においては、国府のもとで監視下におかれていましたから、自由に行動できたとは考えられません。ましてや朝廷から「専修念仏の停止」という名目で罪を言い渡されていたのですから、当然流罪地においては念仏を広める活動はできなかったものと考えられます。

そのことは、親鸞聖人の門弟たちの所在地を見ていくと、圧倒的に関東在住の門弟が多く、そのなかで越後在住とされる無為信《むいしん》という門弟の方でさえ、関東から後に越後に移ったようです。

親鸞聖人は、住み慣れた京都を離れて、罪人という立場で越後国に赴かれました。そこに行くまでの道のりは遠く、また流罪地に受け入れ先があったといっても、罪人として扱われ行動も制約されていたようです。

しかし、この地では、妻の恵信尼さまや子どもたちも聖人といっしょにおられました。越後での生活は非常に苦労の多いものでしたが、家族とともに過ごされた経験は、在家にありながらお念仏を広めるという、その後の真宗教団を特徴付けるものとなったといえるでしょう。

赦免後の生活

親鸞聖人は、『教行信証』「化身土文類」の「後序」において、「建暦《けんりゃく》辛未《かのとのひつじ》の歳《とし》、子月《しげつ》の中旬《ちゅうじゅん》第七日《だいしちにち》に、勅免《ちょくめん》を蒙《かぶ》りて」(『註釈版聖典』四七二頁)と記されていますので、建暦元年(一二一一)十一月十七日に朝廷から罪を赦されたことがわかります。この時、法然聖人も赦免されました。

親鸞聖人は罪を赦されたのですから、本当ならばすぐさま京都に戻って、再び法然聖人とともにお念仏の生活を送りたかったものと思われます。ところが聖人は、その後もしばらくの間、越後国に留まられました。

親鸞聖人が罪を赦された後も越後国に留まられた理由について、『御伝鈔』では「勅免《ちょくめん》ありといへども、かしこに化《け》を施《ほどこ》さんがために、なほしばらく在国《ざいこく》したまひけり」（『同』一〇五四頁）と記されており、聖人は罪を赦された後は、お念仏を広めるために越後国に留まられたとされています。ところが、越後国には親鸞聖人の門弟の方はおられないことから、聖人は越後国ではそれほど伝道布教はされなかったようですので、赦免後も越後国に留まられたのは、何か別の理由があったものと思われます。

先に記したように、『恵信尼消息』によると、親鸞聖人と恵信尼さまの間には、承元五年（一二一一）三月三日に信蓮房が誕生していることがわかります。そして、同じ年の十一月に流罪が赦されましたので、その時点で信蓮房はまだ生後八カ月の乳飲み子でした。さらに十一月は旧暦の冬まっただ中という季節でもありました。このため、歩くこともできない乳飲み子を抱えて雪深い北陸地方の厳しい寒さのなかの長旅は、小さな子どもにとってたいへん大きな負担となってしまうことを考えると、あえてこの時無理をして京都に帰るよりも、少し時間をおいて子どもが長旅に耐えられる時期まで待っておられたのではないかと思われます。このため、親鸞聖人たちは赦免後直ぐには京都に帰らず、しばらく越後に留まっておられたと考えられます。親鸞聖人と恵信尼さまは、自身が法然聖人とお念仏をしたいということより、幼い子どもの生命《いのち》を最優先されて、京都に帰ることを延期されたのでしょう。

さらに、親鸞聖人と同じく赦免された法然聖人は、京都に帰られた翌年の建暦二年(一二一二)一月二十五日に示寂されました。親鸞聖人は、先の『教行信証』「化身土文類」の「後序」の部分に引き続いて、入洛《じゅらく》して以後《いご》、空《くう》(源空)、洛陽《らくよう》の東山《ひがしやま》の西《にし》の麓《ふもと》、鳥部野《とりべの》の北《きた》の辺《ほとり》、大谷《おおたに》に居《い》たまひき。同《おな》じき二年壬申寅月《にねんみずのえさるいんがつ》の下旬第五日午時《げじゅんだいごにちうまのとき》に入滅《にゅうめつ》したまふ。

(『註釈版聖典』四七二頁)

とされています。

親鸞聖人は、越後の国府におられたため、このような京都の情報を入手することが可能であったものと考えられます。親鸞聖人は、お念仏の教えを授けてくださった法然聖人が、すでにおられなくなってしまった京都に帰る必要がなくなった、と考えられたのでしょう。

さらにもう一つ、親鸞聖人は法然聖人のご遺言を思い出されたものと考えられます。

それは、法然聖人が六十六歳の時、「没後《もちご》二箇条事《かでうのこと》」を著して、自身の没後のことについて遺言していました。その第一条のなかに、遺弟《ゆいてい》・同法等《どうほふら》、全《また》く一所《しょ》に群会《ぐんえ》すべからざるものなり。

（『浄土真宗聖典全書』第三巻、宗祖篇下、九五八頁）

という言葉が記されています。

これは、法然聖人とともに念仏をいただく同法（朋）の人びとは、自分の没後は決して一カ所に集まってはならないというものです。

法然聖人が専修念仏を説いておられた時、しばしば念仏弾圧が行われました。しかしその時々に、法然聖人自身でこれに対処していたため、何とか事なきを得たようです。ところが自身が没した後に、同法たちが一カ所に集まっていて念仏弾圧が行われたら、専修念仏は根絶してしまう恐れがあり、このような念仏の壊滅を避けるためには、門弟たちが集まらず、各地において各自で念仏を守る必要があると考えられたようです。

法然聖人がこのご遺言を示されたのは、親鸞聖人が法然聖人に帰入される前のことですが、親鸞聖人自身が書き写された『西方指南抄《さいほうしなんしょう》』のなかに、この遺言が収められていることから、親鸞聖人は吉水におられた時にこの遺言はすでに知られていたものと考えられます。この法然聖人のご遺言を守ることもあって、すぐには京都に帰ることをされなかったのでしょう。

朝廷から流罪を赦された親鸞聖人は、取り巻くいろいろな環境のため、しばらくの間越後に留まられましたが、その後、越後を去られることになるのです。

信濃の善光寺

流罪を赦された親鸞聖人は、しばらくの間、そのまま越後国に留まった後、関東に向かわれました。『御伝鈔』には、「聖人《しょうにん》（親鸞）越後国《えちごのくに》より常陸国《ひたちのくに》に越《こ》えて」（『註釈版聖典』一〇五四頁）とだけあり、親鸞聖人は越後国から常陸国（茨城県）に行かれたと簡単に書かれています。

親鸞聖人がいつ越後国を離れられたのかについては確かなことはわかりません

が、『恵信尼消息』によると、建保《けんぽう》二年（一二一四）には上野国《こうずけのくに》（群馬県）の佐貫《さぬき》というところにおられたとありますので、流罪を赦されてから三年後には上野国におられました。

親鸞聖人の流罪先とされた越後国府から上野国に至る道程を考えると、国府から南に向かって信濃国《しなののくに》（長野県）に至る道が、古くから人や物の流通として使われていたことが知られています。この道は、高い山を越える必要がないうえに最短距離になるため、通常通りに信濃国を経て上野国に行かれたものと考えられます。ここで注目できるのが、この時、通られたと考えられるルートには善光寺があることです。

善光寺は、七世紀の飛鳥時代に創建されたとされるお寺で、その本尊は朝鮮半島の百済国《くだらのくに》から渡来したとされる阿弥陀三尊像で、本田善光《よしみつ》が、この本尊を信濃国に持ち帰って安置したことに始まるとされます。善光寺の阿弥陀三尊像は、舟《ふな》形《がた》をした一つの光背《こうはい》に、阿弥陀如来と観音菩薩・勢至菩薩の三体が並ぶ、いわゆる「善光寺式一光三尊仏《いっこうさんぞんぶつ》」と呼ばれる特殊な様式のものです。つまり善光寺は、この阿弥陀三尊を中心として発展していった阿弥陀信仰のお寺です。実際、浄土教信仰が広まり阿弥陀信仰が盛んになった、平安時代後期から善光寺に対する信仰も高まっていったようで、平安時代末期には善光寺様式の阿弥陀三尊像を模《も》した像がたくさん造られるようになりました。

　また善光寺は、治承三年（一一七九）三月に金堂《こんどう》（本堂）などが焼失したため、鎌倉幕府を開いた源　頼朝《みなもとのよりとも》によって再建が図られ、建久《けんきゅう》二年（一一九一）には金堂が完成しています。親鸞聖人が流罪のために越後国府におられた時とは、善光寺の本堂が再建されて間もない頃でもあり、善光寺に対する人びとの注目度も高まっていた時期でもありました。

　実際、親鸞聖人自身、「三帖和讃《さんじょうわさん》」のうちの『正像末和讃《しょうぞうまつわさん》』の最後のところで、「善光寺讃」（『註釈版聖典』六二〇頁）と呼ばれる五首の和讃を制作され、ここで善光寺の阿弥陀如来に尊崇《そんすう》の念を表しておられます。

また、『御伝鈔』（『註釈版聖典』一〇五一頁）には、親鸞聖人が七十歳の仁治《にんじ》三年（一二四二）の時の逸話として、親鸞聖人のお姿を描くために招かれた絵師の定禅法橋が、夢のなかに現れた善光寺の本願御房《おんぼう》のお顔と聖人のお顔が少しも違わないとして、随喜したことが紹介されています。

そして、善光寺においても、本堂外陣《げじん》の台上にいつも生けられている大きな一本松は「親鸞松」と呼ばれ、これは親鸞聖人が善光寺に参拝された時に松をお供えされたことを、今も受け継いでいるとされます。

また、善光寺の山門前にある宿坊の堂照坊《どうしょうぼう》には、「熊笹《くまざさ》の名号」というものが伝えられています。これは、親鸞聖人がここに泊まられて戸隠山《とがくしやま》に登られた時、そこに生えていた熊笹の葉を用いて「南無阿弥陀仏」の六字名号《みょうごう》の形を作られ、そ

善光寺の親鸞松

れを改めて筆で書き記されたものといわれています。

さらに、真宗高田派本山の専修寺《せんじゅじ》（三重県津市）に安置されている本尊は、いわゆる善光寺様式の一光三尊仏で、親鸞聖人が善光寺から持って来られて、高田派第二代の真仏《しんぶつ》に授与されたものとされます。

このように、親鸞聖人自身が善光寺の阿弥陀如来を讃えられたのをはじめ、聖人と善光寺の関係を示唆《しさ》する伝承がいくつも残されています。

親鸞聖人が流罪を赦された越後国から上野国に行かれるまでに、三年の歳月が経っており、その間、聖人がどこにおられたかがはっきりしていないため、しばらくの間、ここ善光寺にお参りされていたとする説もあります。

親鸞聖人や恵信尼さまの記録からは、直接には善光寺に参拝されたというものを見ることができません。しかし、流罪地の越後国府からまっすぐ南に進んだところに信濃国の善光寺があり、聖人が越後国におられた頃には、善光寺の阿弥陀如来に対する信仰が広まるとともに、金堂の再建が完成して間もない時期でもありました。そのように間近で阿弥陀信仰の中心とされる信濃の善光寺に、親鸞聖人も参拝されたものと考えても不思議ではないでしょう。

三部経千部読誦の中止

先にも触れたように、親鸞聖人が常陸国(茨城県)に向かわれる途中で「佐貫」という地におられたことについては、『恵信尼消息』のなかに記されています。

これによると、親鸞聖人が佐貫におられたのは、息子の信蓮房が四歳の時のこととされています。信蓮房は承元五年(一二一一)の三月三日に誕生しましたので、数え年四歳ということは、建保《けんぽう》二年(一二一四)のことで、親鸞聖人が四十二歳の時です。これが何月のことだったのかはっきりとは記されていませんが、流罪を赦されてから約三年後のことになります。

親鸞聖人は、この佐貫において、『無量寿経』『観無量寿経』『阿弥陀経』の、いわゆる「浄土三部経」を千部(千回)読もうと思い立たれました。

恵信尼さまは、この佐貫の地について、上野国であったのか武蔵国《むさしのくに》(埼玉県)であったのかはっきりとしないとされていますが、現在の群馬県邑楽郡明和町《おうらぐんめいわちょう》に佐貫という地名を確認できることから、上野国にあたります。

佐貫の地は上野国にありますが、武蔵国・常陸国・下総国《しもうさのくに》(千葉県)という複雑な国境《くにざかい》にあります。実際、飛鳥時代末期から奈良時代にかけて設定された行政単位としての国は、現在のような道路標識などもないため、国境にさしかかった旅人たちは、自分が今どこの国にいるのかをはっきり認識することができませんでした。また、佐貫は利根川《とねがわ》に近く、しばしば洪水などによって、利根川の流路が変わることもあったようです。

これらのことから、親鸞聖人家族にとっては、佐貫がどこの国に属している地なのかを明確には認識できなかったようです。

親鸞聖人が、ここで「浄土三部経」を千部読もうと思い立たれた目的について、恵信尼さまは「すざう(衆生)利益《りやく》のためにとて、よみはじめてありし」(『註釈版聖典』八一六頁）とされていますので、衆生《しゅじょう》に利益が及ぶため、つまり、生きとし生けるものの苦を抜き楽を与えることができるように、と考えられてのことであったようです。

親鸞聖人は、九歳で出家して二十年間、比叡山で天台僧として修行されていました。このなかで聖人は、「堂僧」を務めておられたことがわかっています。堂僧とは、常行三昧堂において、阿弥陀如来の周辺をひたすら念仏を称えて回り続ける不断《ふだん》念仏を行う修行僧のことです。また、天台宗での修行の一つとして、阿弥陀如来の浄土に往生するために何度も繰り返してお経を読むというものがあります。

親鸞聖人は、若い頃比叡山において、二十年もの間天台系の修行を経験してこられましたので、この時に行った修行の習慣が身についており、ふとしたことからその時の記憶や経験がよみがえってきたのではないでしょうか。

結局、親鸞聖人は「浄土三部経」を読み始めて四、五日経ってから、読むことを思いとどまられました。この時、聖人は自身で、まことの仏恩《ぶっとん》を報《むく》ひたてまつるものと信《しん》じながら、名号《みょうごう》のほかにはなにごとの不足《ふそく》にて、かならず経《きょう》をよまんとするや（『註釈版聖典』八一六頁）

と思い返されたとありますので、念仏者にとってお念仏を称える以外に何の不足があってこのように何度もお経を読もうとしたのであろうかと、本来の専修念仏の教えに立ち返られたようです。

法然聖人から専修念仏の教えをしっかり受けとめられた親鸞聖人であっても、比叡山での修行を離れてから十年余りしか経《へ》ていなかった頃のことですから、まだ比叡山において修めておられた自力への執着が完全には拭《ぬぐ》い去ることができていなかったのでしょうか。いずれにしても、親鸞聖人は、このような経験を通して、専修念仏の教えを自身にとって確実なものとしていかれたのでしょう。

結局、

思《おも》ひかへして、よませたまはで、常陸《ひたち》へはおはしまして候《そうら》ひしなり。

（『同』八一七頁）

とありますように、親鸞聖人は、佐貫で「浄土三部経」を千部読むことを中止された後、そのまま常陸国へ向かわれたのでした。

常陸国への移住

流罪を赦され越後国（新潟県）を後にされた親鸞聖人は、なぜ常陸国へ向かわれたのでしょうか。

この理由については、聖人ご自身や恵信尼さまもまったく書き残されていないため、これまでいろいろな議論がなされ、諸説が提示されてきました。

古くには、越後国から常陸国へ移住した農民とともに移動されたとか、恵信尼さまの出自であった三善氏の所領が常陸国にあったため、それを頼って行かれたとか、『教行信証』を完成させるにあたって鹿島神宮《かしまじんぐう》の「宋版一切経《そうはんいっさいきょう》」を閲覧するためといった説が出されてきました。ところが、これらの説は、親鸞聖人が関東に行かれた時期に合わなかったり、その根拠を裏付けるものがなかったりというこことで、親鸞聖人が常陸国に行かれた決定的な理由とするには難しいようです。

そのようななか、近年では、親鸞聖人は善光寺の勧進聖《かんじんひじり》をしておられたと考える説が注目されています。

勧進聖とは、寺院の堂舎を再建したり修復するために、各地を遍歴しながら信仰を説き募財活動をする僧のことです。

先に紹介したように、親鸞聖人は、越後国から関東に向かわれるに際して、その当時、阿弥陀信仰として盛況になっていた、信濃国（長野県）の善光寺にお参りされた可能性が高いということです。

これは、晩年に描かれた「安城御影《あんじょうのごえい》」の親鸞聖人が、諸国を旅する念仏聖の姿と共通する点があることや、『御伝鈔』に、親鸞聖人のお姿が善光寺の本願御房とまったく同じであったとされる逸話をはじめ、真宗高田派本山の専修寺に伝えられている本尊に善光寺との共通性があるといったことなどが根拠となっています。

このようなことから、親鸞聖人が善光寺の勧進聖で、聖人が関東に赴いてその活動をされていたと考えられるようになりました。

確かに、善光寺様式の阿弥陀如来像が残されている地域と、親鸞聖人が関東に移って念仏を広められた地域とがほぼ一致することも指摘されることから、聖人が善光寺の勧進聖であったと考えられていったようです。

もし親鸞聖人が善光寺の勧進聖であったならば、関東での活動によって集めた復興資金を善光寺に送らなければなりませんでした。しかし親鸞聖人には、善光寺に資金を送ったことを示すものを確認できませんので、聖人が善光寺の勧進聖であったとするのは難しいでしょう。ただ、親鸞聖人が関東に移られた頃、確かに善光寺による阿弥陀信仰が関東地方に広まりつつあったようです。

親鸞聖人が関東に赴かれたのは、源頼朝が鎌倉に武家政権を樹立してから、約三十年が経っていた時期でした。それまでの日本は、約四百年もの間、京都が政治・経済・文化の中心地として存在していました。ところがこの頃社会が大きく変わり、強大な武力を背景として政治の主導権を握った武士が、京都から離れた関東の地で新政権を開き、日本の中心となりつつあったのです。このように発展を遂げる関東の地では、まだ十分に浄土教信仰が広まっていなかったようです。

親鸞聖人は、越後国を出た後に参拝した善光寺で、その頃新たに日本の中心となりつつある関東で勧進聖たちが盛んに活動をしており、この地が浄土信仰を受け入れるようになっていても、まだまだお念仏が広まっていなかったことを知られたのではないでしょうか。そこで、法然聖人から受けた専修念仏の教えを関東に伝え広めることを決意して、この地に移られたのでしょう。

しかし聖人は、権力に迎合することを避けて、鎌倉から離れた常陸国を活動の拠点に選ばれ、ここでお念仏を広めていかれたものと考えられます。

『御伝鈔』によると、親鸞聖人は、

越後国《えちごのくに》より常陸国《ひたちのくに》に越《こ》えて、笠間郡《かさまのこおり》稲田郷《いなだのごう》といふところに隠居《いんきょ》したまふ。

（『註釈版聖典』一〇五四頁）

とありますが、決して隠居されたわけではなく、実際には稲田において専修念仏の教えを広めていかれたのでした。

関東での伝道活動

先に挙げた『御伝鈔』によると、越後国から常陸国へ行かれた親鸞聖人は、笠間郡稲田郷（現・笠間市）において隠居され、草庵の戸を閉めておられました。ところが、つぎつぎと人が訪れてきて、草庵に人があふれるほどになったため、以前から仏法を広めたいと考えていた聖人の念願は、ここに成し遂げることができた、とされています。

これによると、親鸞聖人は、関東に移られた後はひっそりと暮らすつもりであったとされていますが、決してそういうつもりではなかったものと考えられます。

親鸞聖人は、建保二年（一二一四）には、上野国佐貫（現・群馬県明和町）におられましたが、その後、常陸国へ向かわれました。常陸国に入られた当初は、下妻《しもつま》というところに逗留《とうりゅう》されていたと伝えられています。この時、草庵を結ばれたのが小島《おじま》草庵（現・茨城県下妻市）と伝えられています。

親鸞聖人は、三年ほどこの小島草庵におられましたが、その後、稲田に移られたということです。

常陸国へ移られた親鸞聖人は、法然聖人から受けた念仏の教えを多くの人びとに伝えました。それは、決して草庵にじっといて訪れてくる人を待っておられたわけではなかったようです。

同じ『御伝鈔』に収められている「弁円済度《べんねんさいど》」の

小島草庵跡

段では、親鸞聖人が常陸国に来られて、念仏を称えるだけで誰もが阿弥陀如来から救われるという教えを説かれると、これが人びとに受け入れられることとなり、各地に広まっていきました。ところが、苦しい修行によって修得した験力《げんりき》という特別な力を身につけたとされる修験道《しゅげんどう》の山伏《やまぶし》・弁円は、人びとが遠ざかっていくことで親鸞聖人を逆恨みして、聖人に危害を加えようとした話が紹介されています。そこで弁円は、親鸞聖人がいつも通りかかる板敷山《いたじきやま》で聖人を待ち伏せすることにしました。

板敷山は、親鸞聖人がおられた稲田の草庵から南西に約八キロメートルのところになります。おそらく親鸞聖人は、この頃、いつも板敷山を通って念仏の教えを広めるために出かけておられたものと考えられます。

結局、親鸞聖人はその時通りかかられなかったため、弁円は聖人に危害を加えることができず、後に聖人の教化を受けて念仏者となったとされています。

この話からもわかるように、親鸞聖人は常陸国では各地に自ら足を運んで、念仏の教えを説き広めておられたのです。

　親鸞聖人は関東において伝道を行われたため、関東各地にその教えを受けた門弟の方々が誕生しました。

　親鸞聖人の言葉を集めた『歎異抄』には、「親鸞《しんらん》は弟《で》子《し》一人《いちにん》ももたず候《そうろ》ふ」（『註釈版聖典』八三五頁）とあります。これは、阿弥陀仏のもとで念仏をする者は、すべて仏の弟子であるため、親鸞聖人との間では師匠とか弟子というような師弟上下の関係を結ばず、仏弟子としてみんな同等の同朋《どうぼう》・同行《どうぎょう》と呼ばれます。そして、たまたま親鸞聖人は阿弥陀仏の念仏の教えに早く接しただけで、親鸞聖人からその教えを聞いた者はこれに遅く接しただけであるため、これを同門の弟《てい》、つまり「門弟」と呼ぶようになりました。

　親鸞聖人から教えを受けた門弟たちの名前や居所を書き上げた『親鸞聖人門侶《もんりょ》交名牒《きょうみょうちょう》』という記録によると、関東において親鸞聖人から直接教えを受けた門弟としては、常陸国に二十人、下総国《しもうさのくに》（千葉県・茨城県）に五人、下野国《しもつけのくに》（栃木県）に五人、武蔵国《むさしのくに》（東京都・埼玉県・神奈川県）に一人、陸奥国《むつのくに》（福島県・宮城県・岩手県）に七人いたことがわかります。この他にも、後に京都から関東の門弟に出された消息（手紙）の宛名に見られる門弟として、その門弟の居所とされる地名を付けて呼ばれている人もいます。たとえば、平塚入道《ひらつかのにゅうどう》や高田入道《たかだのにゅうどう》などというように、相模国《さがみのくに》の平塚（現・神奈川県平塚市）や、下野国の高田（現・真岡《もおか》市）にいたと考えられる門弟の存在が確認できます。

このように、親鸞聖人が関東におられた時には、常陸国稲田を中心にしつつも、広く関東一円に念仏の教えが広がっていったのです。

親鸞聖人は、関東に約二十年間おられました。この間自身で各地に赴いて、法然聖人から受けた念仏の教えを広められました。この時、親鸞聖人の門弟となった人びとは、さらに各地域で念仏を護る「門徒団」を形成し、さらに親鸞聖人から受けた教えを守り伝えていったのでした。

『教行信証』の撰述

親鸞聖人は、生涯においてたくさんの聖教を書かれました。「三帖和讃」といった和語（仮名交じり）の聖教は聖人ならではのものですが、そのようななかでも、浄土真宗の教えを体系的にまとめられた最も代表的な聖教が、『教行信証』です。

『教行信証』は、正式には『顕浄土真実教行証文類《けんじょうどしんじつきょうぎょうしょうもんるい》』といい、浄土に生まれるためにはどのような教えが必要かということについて、お釈迦さまの経典や高僧の著述（文類）から抜き出して明らかにするために、教・行・信・証・真仏土《しんぶつど》・化身土《けしんど》の六巻に類別してまとめられたものです。

『教行信証』のなかの「行文類《ぎょうもんるい》」の最後の部分に記されている七言一句《しちごんいっく》で百二十句に及ぶ偈頌《げじゅ》（詩句）が「正信偈《しょうしんげ》」と呼ばれるもので、私たちが日常の勤行《ごんぎょう》で拝読して親しんでいるものです。

親鸞聖人が『教行信証』をいつ撰述《せんじゅつ》されたのかについては、いろいろ議論がなされてきました。古くには、親鸞聖人は『教行信証』を完成させるために、その参考になる経典を求めて、越後国（新潟県）から常陸国（茨城県）に移られたという意見も出されました。ただ、『教行信証』に引用されている、七高僧《しちこうそう》の一人に数えられる中国の善導大師が著した『般舟讃《はんじゅさん》』という書物は、建保《けんぽう》五年（一二一七）に京都の仁和寺《にんなじ》において初めて発見されたとされていますから、それ以前にはさかのぼらないようです。

第一章でも少し触れましたが、親鸞聖人は、『教行信証』の「化身土文類」のなかで、お釈迦さまが入滅され（涅槃《ねはん》に至られ）てから、正法・像法を経た後に末法の世に入った年代を計算されています。

これによると、お釈迦さまが入滅されたのは、中国の周王朝《しゅうおうちょう》の穆《ぼく》王の五十三年（紀元前九四九）にあたるため、その年から数えて「わが元仁元年《げんにんがんねん》」（『註釈版聖典』四一七頁）までは二一七三年が経過しており、末法に入ってからこの年は、既に六七三年になるとされています。

親鸞聖人は、『教行信証』のなかで「わが元仁元年」と明記されて、元仁元年（一二二四）を基準として末法の年代を逆算されていることから、『教行信証』の撰述にあたって、この元仁元年という年を大きく意識されていることがわかります。このことから、この年が『教行信証』撰述の基準となる年と考えられています。

さらに、元仁元年は、親鸞聖人が京都において専修念仏の教えをいただいた法然聖人の十三回忌にあたる年ということも、聖人は重要視されたのかもしれません。

こういったことから、親鸞聖人が関東において念仏を広めておられた五十二歳にあたる元仁元年が、『教行信証』の撰述にとって重要な年とされ、この年が浄土真宗の根本聖典をまとめるに際して親鸞聖人が思想的に円熟された年と位置付けられるようになり、現在ではこの元仁元年が浄土真宗における「立教開宗」の年とされています。

また、親鸞聖人が書かれた聖教を詳しく調べた結果によると、聖人の六十歳代までの筆跡と八十歳代の筆跡には、異なる特徴があることがわかっています。それは、「為」や「鸞」などのように点を四つ並べて書く文字について、六十歳代までの親鸞聖人は、この点を三つしか書かれないのですが、八十歳代になるとこの点が四つになるというものです。なぜ親鸞聖人にはそのような癖があるのか、またどうして聖人自身でそれを修正されるに至ったのかについてははっきりした理由はわかっていません。いずれにせよそのような癖をもっておられたようです。

親鸞聖人自筆として現存する唯一の『教行信証』は「坂東本《ばんどうぼん》」と呼ばれ、聖人の高弟の一人に数えられる下総国横曾根《よこそね》（現・茨城県常総市《じょうそうし》）の性信《しょうしん》が開いたとされる坂東報恩寺に永く伝えられ、現在は真宗大谷派に所蔵されています。坂東本『教行信証』には、多くの書き直しや、紙の幅が狭い部分など一定しないものが混ざっていることが知られていました。

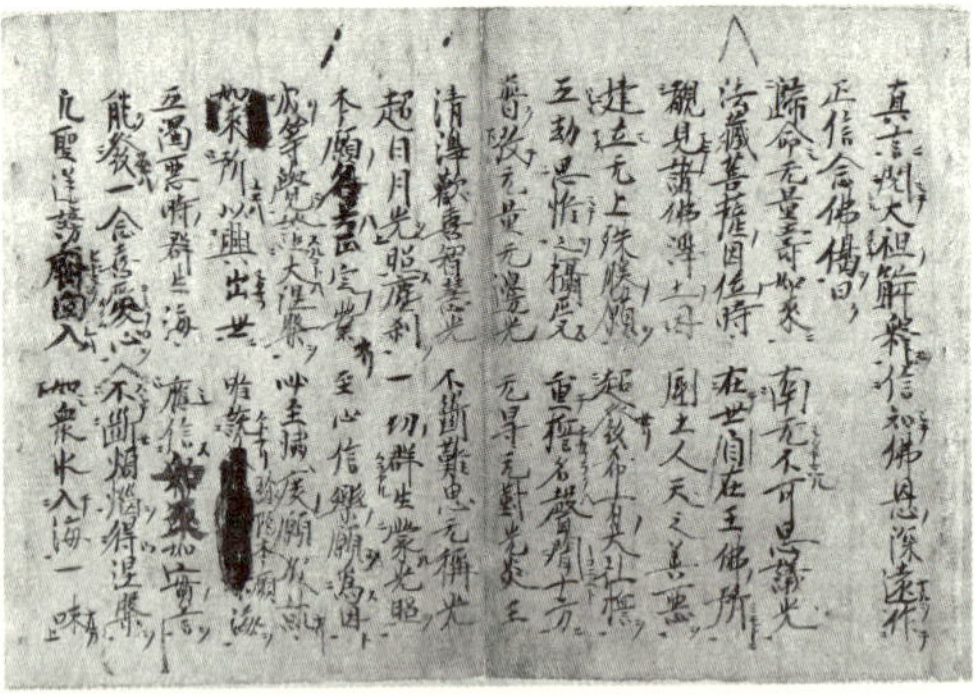

『教行信証』（坂東本／真宗大谷派〈東本願寺〉蔵）

そして、以上のような親鸞聖人の年代による書き方の癖をもとに、坂東本『教行信証』を詳細に分析した結果、これには六十歳代までの特徴の文字と、八十歳代の特徴の文字が混在していることがわかりました。

親鸞聖人は、京都に帰られた後の寛元《かんげん》五年（一二四七、聖人七十五歳）二月五日に、門弟の尊蓮《そんれん》（日野信綱《のぶつな》）に『教行信証』を書き写すことを許されていますので、この時には一定の完成を見たようですが、その後の八十歳代になっても、『教行信証』をよりよいものとするために多くの精神を注がれ、さらなる完成を目指されたのでした。

寛喜三年の自省

親鸞聖人がお亡くなりになった時、臨終に立ち会った娘の覚信尼さまが、母の恵信尼さまに、聖人のご往生をお手紙で報《しら》せました。それに対して、恵信尼さまは覚信尼さまに返事を書かれました。その返事のなかには、親鸞聖人と一緒におられた恵信尼さまが経験した、関東での親鸞聖人のことが記されていました。そのなかに寛喜《かんぎ》三年（一二三一）の出来事がありました。

寛喜三年四月十四日の昼頃から、親鸞聖人は風邪をひかれました。その日の夕方からおやすみになられましたが、さらに病気が重くなって高熱を出されるなか、ただただ静かに寝ておられました。

病気になられてから四日経った日の明け方、聖人は高熱で苦しいなかで、「まあそのようなものでありましょう」とおっしゃいました。それを聞いた恵信尼さまが「どうされましたか。うわごとのようにおっしゃっていましたけれど」と尋ねられたそうです。

すると聖人は、「うわごとではありませ

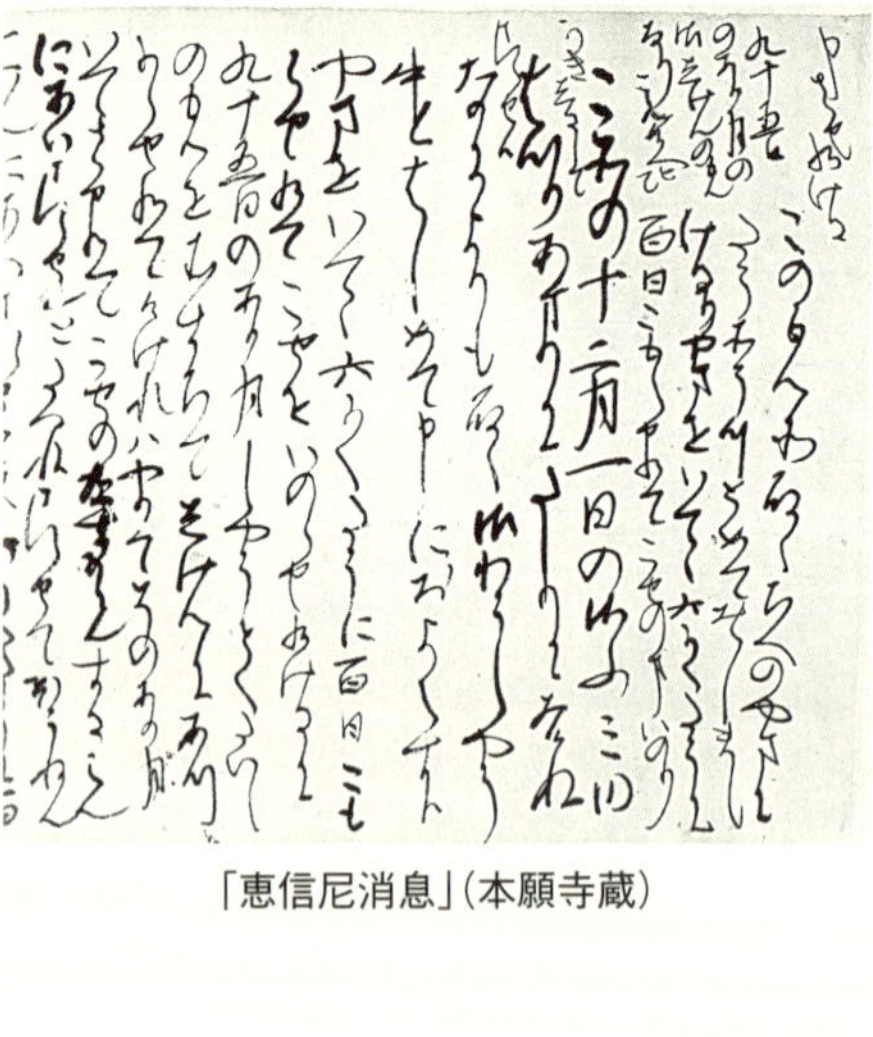

「恵信尼消息」（本願寺蔵）

ん。病気になって二日もした時、『無量寿経』を休むことなく読んでおりました。何気なく目を閉じると、お経の文字が一字も漏れ落ちることなく、はっきりと見えてくるのです。お念仏をよろこぶ信心よりほかに、どのようなことが自分の心のなかにあるのだろうかと思い、いったいどういうことだろうとよくよく考えてみると、今から十七、八年前のことを思い出しました」ということでした。

高熱の風邪にかかられた寛喜三年は、親鸞聖人が五十九歳の時でした。それから十七、八年前のこととは、以前紹介した、越後国から常陸国に向かわれていた途中、建保二年（一二一四）の聖人四十二歳の時の出来事をいいます。聖人は、上野国（群馬県）の佐貫というところを通られ、衆生を救うために自分に何かできることはないだろうかと考えて、「浄土三部経」を千回読もうと始め、数日後にそれを中止されました。聖人はこの時、法然聖人から阿弥陀如来による他力信心の教えを受けながら、名号のほかに何の不足があって、このように何回もお経を読もうとしたのであろうかと思い返して、「浄土三部経」を千回読むことを止めたとされています。

一般には、阿弥陀如来の浄土に往生するための行として、読誦《どくじゅ》・観察《かんざつ》・礼拝《らいはい》・称名《しょうみょう》・讃嘆《さんだん》供養《くよう》の五つがあるとされていました。読誦とは、お経を読むこと。観察とは、阿弥陀如来とそのお浄土の様子をしっかりと見ること。礼拝は、阿弥陀如来を合掌して拝むこと。称名は、阿弥陀如来のみ名を称えること。讃嘆供養は、阿弥陀如来の徳を讃えて供養することです。このうち読誦とは、何回もお経を読むことによって阿弥陀如来とのご縁をいただき、その救いを得て浄土に往生ができると考えられていたものです。

親鸞聖人は、九歳から二十年間、比叡山で修行され、堂僧を務めておられたことがありました。堂僧とは、この五つの行をすべて行うというものです。この五つのなかから、法然聖人は特に称名を重視され、阿弥陀如来のみ名を称えることによって浄土に往生できるとされました。これが専修念仏です。親鸞聖人は、比叡山を下りられた後、法然聖人のもとで専修念仏に帰依され、法然聖人に対して絶対的な信頼を寄せておられたはずでした。

ところが、法然聖人の専修念仏を受けてから十三年経った建保二年には、佐貫で衆生利益《りやく》のために数多くのお経を読もうとされた時、ふとわれに返って、法然聖人から受けた教えを思い起こして読誦を中止されました。しかし、この建保二年からさらに十七年経った寛喜三年には、高熱のため意識が朦朧《もうろう》とするなか、比叡山で行っていた修行の経験が無意識のなかでよみがえったのでしょうか、自然と目の前に『無量寿経』のご文が現れてきたようです。

親鸞聖人は、法然聖人から専修念仏の教えを受けてから三十年も経ち、その間、法然聖人の教えを信頼しておられたにもかかわらず、ふとしたことで、それ以前の比叡山での経験がよみがえってくる自分に気付かれたのでしょう。それは、十七年も前に、佐貫で「浄土三部経」を千回読もうとして中止した自分自身を、再び反省されたのです。そしてそのことを思い起こして、ふとしたことで何かにすがりたいとする人間の弱さに気付き、さらに自分自身がそのような凡夫《ぼんぶ》であることを再認識され、あらためて「まあそのようなものでありましょう」とおっしゃったようです。

関東に移られてから十七年も経った寛喜三年、関東において専修念仏を広め、聖人を信頼して多くの門弟も生まれているなかで、親鸞聖人はまだまだ自分自身が弱く愚かな存在であると再認識されたのでした。

第五章　晩年の生活とその後

帰洛の目的

関東でお念仏の伝道をされていた親鸞聖人は、その後、京都に帰られました。聖人が京都に帰られたことについて、ご自身で書かれたものは残っていませんが、晩年には、京都から関東の門弟にお手紙を送られていますし、しばしば関東の門弟が聖人を訪ねて京都まで来たことが記録からわかりますので、親鸞聖人が京都に帰られたのは確かです。

また『御伝鈔』には、関東から京都に帰られる途中に箱根に差し掛かった時の逸話、「箱根霊告《れいこく》」が紹介されていますが、これがいつのことかについては、はっきりとは記されていません。

このため、聖人の帰洛《きらく》の時期については、いろいろな意見があるようです。

古くには、親鸞聖人六十歳の貞永《じょうえい》元年（一二三二）に京都に帰られたとされていました。また、聖人の関東伝道の期間は二十年だったともいわれており、このことから、聖人が関東に至られた建保二年（一二一四）から二十年となると、聖人が京都に帰られたのは、天福《てんぷく》元年（一二三三）の六十一歳頃のこととなります。

ところが、本願寺第三代覚如上人がまとめた『口伝鈔』というお聖教のなかには、鎌倉で一切経《いっさいきょう》の校合《きょうごう》（間違いがないかをチェックすること）が行われた時、親鸞聖人は鎌倉幕府の要請によって、これに参加されたということが記されています。

これによると、親鸞聖人が一切経の校合に参加されたのは、鎌倉幕府の第五代執権《しっけん》となる北条時頼《ときより》が、まだ開寿《かいじゅ》という幼名を名乗っていた九歳の時のこととされています。この『口伝鈔』に採用された一切経校合の内容は具体的であることから、信頼できるとする意見が強くあります。

そうすると、時頼は嘉禄《かろく》三年（一二二七）の誕生ですから、一切経の校合が行われた年は、嘉禎《かてい》元年（一二三五）のこととなりますので、親鸞聖人が京都に帰られたのは、嘉禎元年の聖人六十三歳以降のあまり年数の経っていない時期となるようです。

親鸞聖人が関東でお念仏を広められた後、京都に帰られた理由は何なのかということについては、以前からいろいろ考えられてきました。古くは、六十歳の還暦を迎えられて生まれ故郷の京都が恋しくなったとか、『教行信証』を完成させるためとか、その頃、鎌倉幕府によって念仏弾圧が行われるようになったためこれを逃れようとしたというものや、親鸞聖人が善光寺聖として関東での活動が一段落したといった考えが出されました。

ところが、このような考えに対していろいろな意見がなされていきました。例えば、いくら年齢を重ねられたからといっても、親鸞聖人が個人的な感情だけで行動されるとは考えられない。また、多くの関東門弟を見放すようにして、自分だけが念仏弾圧を逃れて京都に帰るようなことをされるとは考えられない。さらには、親鸞聖人が善光寺聖として善光寺との関係を明確に示す証拠がない、といったものです。

そのなかで、聖人自筆の『教行信証』（坂東本）の分析・研究が進められ、関東でほぼこれが完成していたけれども、帰洛後も最晩年まで、その加筆修正が行われていたことがわかってきました。このように『教行信証』の完成のため、京都の豊富な経典や書物を参考にしようと京都に帰られたとするのが、ほぼ定説となっています。

ただ、聖人が帰られた頃の京都の状況について考えていく必要があるのではないでしょうか。聖人が帰られる直前、京都では「嘉禄の法難」という事件が起こっていました。

嘉禄の法難とは、嘉禄三年（一二二七）六月に、比叡山が専修念仏の停止を朝廷に申し入れるとともに、東山吉水にあった法然聖人の墓所を破却《はきゃく》することを計画しました。翌七月には、比叡山の申し入れを受けて朝廷では念仏弾圧が行われ、法然聖人の門弟であった隆寛・幸西《こうさい》・空阿《くうあ》が流罪となり、その他の門弟四十人が逮捕されました。また同年十月には、法然聖人の主著である『選択集』の版木《はんぎ》が、比叡山の僧によって焼き払われてしまいました。さらに、破却を免れるため改葬された法然聖人の遺骸は、翌安貞《あんてい》二年（一二二八）一月に京都西山の粟生《あお》（現・長岡京市）に移されて荼毘《だび》に付されました。

このように、法然聖人が亡くなってから十五年経った京都では、再び専修念仏に対する弾圧が行われ、法然聖人の専修念仏は危機的状況に直面していたのでした。

親鸞聖人は、嘉禄の法難によって専修念仏が危《あや》うくなっていた京都にあえて帰られたことを考えると、聖人は京都の専修念仏を何とか守ることができないかと考えて帰洛されたのではないでしょうか。

京都での門弟

京都に帰られた時期を聖人六十三歳の嘉禎元年（一二三五）頃だとしても、九十歳で往生されるまで、少なくとも晩年の約二十五年以上は京都で暮らしておられたことになりますので、結果的には関東よりも晩年の京都での生活のほうが長かったことになります。

『親鸞聖人門侶交名牒』（岡崎市妙源寺所蔵）を見てみると、「面授口決《めんじゅくけつ》」「上人面授」というように、親鸞聖人に直接面会して教えを受けた門弟として、四十九人の名が記されています。このうち、関東に在住していた門弟は三十九人で、その他に越後国（新潟県）に一人と遠江国《とおとうみのくに》（静岡県）に一人いたことがわかります。

ただ、この遠江国の一人とは専信房専海《せんかい》で、下野国（栃木県）高田の真仏に系譜をもつ門弟です。『親鸞聖人御消息』のなかで、親鸞聖人は「専信坊《せんしんぼう》、京《きょう》ちかくなられて候《そうろ》ふこそ、たのもしうおぼえ候《そうら》へ」（『註釈版聖典』七五〇頁）と、建長《けんちょう》八年（一二五六）に下野国高田の覚信《かくしん》に宛てたお手紙のなかに記されています。このことから、専信房はこの頃に何らかの理由で遠江国に移ってきて、親鸞聖人のおられる京都に近くなったので、聖人も頼もしく感じられたということがわかります。

そうすると専信房は、もともと関東にいた時に聖人からお念仏の教えを受けて門弟となっていた人物であることがわかりますので、専信房を加えると、関東での門弟は四十人ということになります。

これに対して、先の『親鸞聖人門侶交名牒』のなかで、聖人が晩年を過ごしておられた京都（洛中）の門弟としては、八人の名が見られます。この京都在住の門弟の人数を考えると、関東伝道の約二十年間で教えを受けた門弟が四十人であるのに比べて、京都で過ごされた二十五年余りで八人となると、少ないように思われます。

京都の門弟としてあげられている八人とは、尊蓮《そんれん》・宗綱《そうこう》・尋有《じんう》・兼有《けんう》・蓮位《れんい》・賢阿《けんあ》・善善《ぜんぜん》（善覚）・浄信《じょうしん》です。

このうち、尋有と兼有の二人は親鸞聖人の弟です。尋有は比叡山、兼有は天台宗の聖護院に属していた僧だったようですが、親鸞聖人が帰洛された後には、聖人からお念仏の教えを受けられたようです。

また、尊蓮という人物は、俗名を信綱《のぶつな》といい、親鸞聖人の伯父・日野範綱の子息ですから、聖人からすると従兄弟《いとこ》になります。さらに宗綱という人物は信綱の子息で、親鸞聖人の末娘覚信尼の夫、つまり聖人にとっては娘婿にあたり、俗名は日野広綱《ひろつな》という人物です。

そして蓮位は、『御伝鈔』のなかで、建長八年の親鸞聖人八十四歳の時、聖徳太子が親鸞聖人を礼拝された夢を見たと紹介されている人物です。蓮位は、常陸国（茨城県）下妻の出身で、もともとは関東において親鸞聖人の門弟となりましたが、聖人の帰洛に伴って京都にやってきて、その後聖人に随従していたことで知られていますので、聖人が帰洛してから門弟となったのではなく、関東時代からの門弟になります。

その他の賢阿・善善（善覚）・浄信（七条次郎入道）の三人については、どのような人であったのかという詳細なことはわかっていません。

これらのことから、京都の門弟とされる八人のうち、四人については親鸞聖人の縁戚者で、一人は関東からの門弟ということですから、帰洛後の親鸞聖人は、京都においてそれほど幅広くは専修念仏を広める活動はされなかったものとも考えられます。

ただ、親鸞聖人の従兄弟の尊蓮は、寛元《かんげん》五年（一二四七）に、親鸞聖人から『教行信証』の書写を許されています。寛元五年とは親鸞聖人が七十五歳の時で、京都に帰られてから十年余りしか経っていない時期です。親鸞聖人が在世中に『教行信証』を書き写すことを許された人は、この尊蓮以外では二人しか確認することができず、先の遠江国の専信房が建長七年（一二五五）に書写し、その書写された『教行信証』をさらに、高田の真仏が書写したことが知られています。この三人だけが『教行信証』の書写を許されたことから考えると、尊蓮は親鸞聖人のお念仏の教えをきっちりと受け継いでいたことが想像できます。

親鸞聖人は、京都に帰られた後も関東門弟と深い関係を続けつつ、京都では近親者を中心に、限られた人にしっかりとお念仏の教えを伝えておられたことが想定できます。

手紙と聖教

親鸞聖人は、京都に帰られた後も関東の門弟と頻繁《ひんぱん》に連絡をとりつつ、親密な関係を続けておられました。その主な手段とされたのが、お手紙（御消息）の遣《や》り取りと、お聖教を書いて送るというものでした。

現在、親鸞聖人が送られたお手紙として確認できるものは四十三通あります。そのなかには、書かれた年代がはっきりとは記されていないものもありますが、年代がわかるものとしては、建長三年（一二五一）の聖人七十九歳から文応《ぶんおう》元年（一二六〇）の聖人八十八歳までの間に書かれたものがあります。

親鸞聖人が書かれたお手紙のほとんどは、関東の門弟から寄せられた教義についての質問に対する返答であったり、信心を確かにするために心掛けなければならないこと、あるいは門弟が教義を勝手に解釈するといった異義について批判した内容です。

親鸞聖人のお手紙をみていくと、関東の門弟の間で広まってきている異義としては、「造悪無礙《ぞうあくむげ》」についてのことがしばしばみられます。

造悪無礙とは、阿弥陀さまはお念仏をすれば、どんな人でも平等に浄土に往生させてくださるという教えを、勝手に解釈した異義で、どんな者でも阿弥陀さまは往生させてくださるのだから、生きているうちにどのような悪いことをしても浄土往生の障《さわ》り（礙り）にはならない、だからいくら悪いことをしてもよい、という考え方です。

親鸞聖人は、関東の門弟たちの間で広まりつつあった造悪無礙の考え方に対して非難し、これを正そうとされています。

親鸞聖人のお手紙をみていくと、親鸞聖人が関東を後にされてから二十年近くも経つと、関東の門弟の間では、徐々に聖人の教えから逸脱《いつだつ》して、自分勝手な解釈をするような人が現れてきたことがわかります。このため、親鸞聖人はしばしばお手紙を書き送って、これらの異義を正したり、門弟が疑問をもった教義の内容について返答されたのでした。

また、親鸞聖人は、生涯でたくさんのお聖教を制作したり写したりされています。特にお聖教を書き写すことが増えるのは、建長六年（一二五四）の八十二歳からです。

現在、親鸞聖人真筆《しんぴつ》のお聖教が最もたくさん所蔵されているのは、真宗高田派本山の専修寺です。専修寺は、親鸞聖人が関東で伝道されていた時に、直接教えを受けて門弟となった、真仏と顕智《けんち》の二人が続いて出たため、帰洛後の聖人からたくさんのお聖教を送ってもらったようです。

親鸞聖人はたくさんのお聖教を書かれましたが、それは決してご自身のためのものではなく、関東の門弟の方々にお念仏の教えをしっかりもってもらおうという目的があった、ということがわかります。

親鸞聖人はお手紙のなかで、関東の門弟にしばしばお聖教を読むように勧めておられます。例えば、「おほかたは、『唯信抄《ゆいしんしょう》』・『自力他力《じりきたりき》の文《ふみ》』・『後世物語《ごせものがたり》の聞書《ききがき》』・『一念多念《いちねんたねん》の証文《しょうもん》』・『唯信鈔《ゆいしんしょう》の文意《もんい》』・『一念多念《いちねんたねん》の文意《もんい》』、これらを御覧《ごらん》じながら」（『註釈版聖典』七五二頁）とおっしゃって、親鸞聖人は特にこれらのお聖教を読むように勧めておられます。

ここにあるお聖教のうち、『唯信抄』は、親鸞聖人にとっては法然聖人のもとで同門にいた聖覚が、また『一念多念分別事《ふんべつのこと》』や『自力他力事《じりきたりきのこと》』は、同じく同門の隆寛が著したお聖教です。親鸞聖人は、これらのお聖教をしきりに書き写して門弟に送って読むことを勧めておられるとともに、これらを解説した『唯信鈔文意』『一念多念証文（一念多念文意）』をご自身で制作されて、関東の門弟に読むように送られています。

ここにあげられているお聖教は、すべて仮名交じり文（和語）のものです。

親鸞聖人は、『唯信鈔文意』と『一念多念証文』の末尾に、関東門弟の方々がわかりやすいように同じことを何度も繰り返して書いているので、おかしいと思う人もいるかもしれません、と記されています。このことから、親鸞聖人は、関東門弟の方々にお聖教の内容をしっかりと理解してもらうことを第一に考えられて、言葉を繰り返すとともに、あえて仮名交じりのお聖教を書き写したり制作して送られたようです。

京都に帰られた後、親鸞聖人は遠く離れた関東門弟のことを思い、その方々にお念仏の教えを間違いなくしっかりと持ってもらうことに、専念されていたのです。

恵信尼さまとの離別

親鸞聖人は、承元元年（一二〇七）に流罪となられる以前に恵信尼さまと結婚され、その後、関東から京都へと行動をともにされていましたが、晩年になってからは別々に暮らしておられたことがわかります。

『恵信尼消息』によると、建長六年（一二五四）には、すでに恵信尼さまは親鸞聖人のもとを離れて越後国で暮らしていることがわかります。親鸞聖人と別れて越後国に赴かれた時期については、親鸞聖人が関東から京都に帰られた時だったと考える方もおられるようですが、三十年近くも別々に暮らしておられたとは考えにくいところがあります。

また、恵信尼さまが親鸞聖人のもとを離れて越後国に赴かれた理由については、決して親鸞聖人との間が不仲になったとは考えられません。『恵信尼消息』によると、親鸞聖人の示寂に立ち会った覚信尼さまは、聖人が本当に浄土往生されたのかが不安になったようで、聖人の往生は本当に確かなことかを恵信尼さまに質問されたようです。そこで、恵信尼さまは覚信尼さまへの返事のなかで、親鸞聖人の浄土往生は間違いないことで疑いはありませんと、はっきりと伝えておられます。

また、恵信尼さまは覚信尼さまに対して、親鸞聖人のお姿を描いた御影《ごえい》を自分の手元に届けてほしいとお願いをしています。この時、恵信尼さまは親鸞聖人の御影を、「あの御影《ごえい》の一幅《いっぷく》」（『註釈版聖典』八一五頁）というように指定されていますので、親鸞聖人といっしょにおられた時、すでに作られていた聖人の御影があったことがわかります。そして、往生された親鸞聖人の御影を手元に留めておきたいと考えられていることから、親鸞聖人とは京都と越後国というように距離的に離れて暮らされているにもかかわらず、聖人に対しては篤《あつ》い信頼をいだいておられたようです。

このようなことから、恵信尼さまは別々に暮らしていても、親鸞聖人を慕い続けておられたのです。

それではなぜ、恵信尼さまは親鸞聖人と離れて越後国へ赴かれたのでしょうか。

恵信尼さまのお手紙などから、親鸞聖人との間におられた六人の子どものうち、恵信尼さまといっしょに越後国に移った子どもとして、小黒女房《おぐろのにょうぼう》・栗沢信蓮房《くりさわしんれんぼう》・益方入道《ますかたにゅうどう》・高野禅尼《たかののぜんに》の四人がいたことがわかります。

恵信尼さまとともに越後国へ移った四人の子どもの名前に付けられている「小黒」「栗沢」「益方」「高野」という地名が、「恵信尼公廟所《びょうしょ》」がある上越市板倉区《じょうえつしいたくらく》の近辺で確認できることが知られていますので、それぞれの子どもたちが恵信尼さまの周辺の地名を冠して呼ばれていたようです。

恵信尼さまのお手紙によると、これらの子どもたちは恵信尼さまと別に暮らしていたことが想像できます。

たとえば、恵信尼さまとともに越後に赴いた小黒女房は、恵信尼さまより先に亡くなったようです。このため恵信尼さまの孫にあたる小黒女房の子どもたちは、恵信尼さまのもとで育てられていました。さらに、親鸞聖人の体調が思わしくないという知らせを覚信尼さまから受けたため、益方入道は急遽、越後国から京都の親鸞聖人のもとに駆け付けました。この時は冬の最中《さなか》で急ぎの旅であったため、益方入道は自身の子どもたちを京都まで連れて行くことはできないと考え、子どもを母の恵信尼さまに預けて旅立ったようです。このため、この時期には恵信尼さまのもとには、小黒女房の子どもたちの他にも、一時的に益方入道の子どももいっしょに暮らしていました。このような状況について恵信尼さまは、幼い子どもたちと暮らしていると、自分がまるでお母さんになったような気分になる、と言っています。

このことから考えると、恵信尼さまが暮らしていた周辺に、恵信尼さまと行動をともにした四人の子どもたちが、それぞれ別々に暮らしていたことが想定できますので、それぞれが自立できるだけの経済的保障があったものと考えられます。

京都で生まれて親鸞聖人と結婚された恵信尼さまが、晩年になって越後国に赴かれた理由を考えると、このように恵信尼さまやその子どもたちが自立的に生活していたことから、恵信尼さまは、父の三善為教が一時的に越後介という役職に就いていた時に取得したいくばくかの所領を譲り受けたものと考えられます。しかしそれはわずかなものであったため、人を派遣するほどではなく、自身で赴いて管理しなければならず、晩年になってやむを得ず親鸞聖人と離れて暮らさざるを得なくなったようです。

善鸞義絶事件

関東でお念仏を広められた親鸞聖人が京都に帰られてから二十年が経過し、聖人が身近にいなくなった関東では、次第に親鸞聖人の説かれた教えとは異なったことを語る門弟が現れてくるようになりました。いわゆる異義です。親鸞聖人のお手紙を見ていきますと、建長四年（一二五二、聖人八十歳）のものには、

浄土《じょうど》の教《きょう》もしらぬ信見房《しんけんぼう》などが申《もう》すことによりて、ひがざまにいよいよなりあはせたまひ候《そうろ》ふらんをきき候《そうろ》ふこそ、あさましく候《そうら》へ。

（『註釈版聖典』七三八頁）

とあり、お浄土についての教えをきっちりと理解していない信見房たちが語ることによって、誤った教えとなっていくことは歎かわしいことです、とおっしゃっています。また、年代がはっきりしていませんが、善証房《ぜんしょうぼう》という門弟が浄土を願い念仏する人ならば悪いことをしてもかまわないと言っていることは、「ゆめゆめあるべからず候《そうろ》ふ」（『同』八〇一頁）として、そんなことは決してしてはならない

とされています。

親鸞聖人は、京都に帰られた後も、しばしばお聖教を書いて関東門弟に送ったり、お手紙で関東門弟の方々にお念仏についての質問に答えたりされていたようですが、なかなか親鸞聖人の説かれた教えがきっちりと理解されずに、勝手な解釈をする人も出てきたようです。

本来でしたら、親鸞聖人自身が関東に赴いてこれらの門弟の方々と親しくお話をして、異義を修正していかれるのがよいのでしょうけれども、この頃、親鸞聖人はすでに八十歳前後でしたので、高齢を押して関東まで行かれることは難しかったようです。

例えば、『十六夜日記《いざよいにっき》』の作者で阿仏尼《あぶつに》という五十七歳の女性は、訴訟のため弘安《こうあん》二年(一二七九)十月十六日に京都を出発して、鎌倉に着いたのが同月二十九日でしたので、女性の足で京都から鎌倉まで十四日間かかっています。関東の門弟の中心は常陸国(茨城県)ですから、高齢の親鸞聖人でしたら二十日以上はかかると考えられますし、体力的にも難しかったと思われます。

そこで親鸞聖人は、自身の代わりに息男《そくなん》の慈信房善鸞《じしんぼうぜんらん》を遣《つか》わされました。善鸞がいつ誕生したのかははっきりとしていませんが、少なくとも越後国（新潟県）から関東、さらには京都へと、親鸞聖人と行動をともにしていましたので、この頃すでに四十歳を超えていたものと考えられます。

ところが、善鸞が関東に赴いてからもいっこうに関東門弟の異義がおさまる様子はなく、それどころかさらに異義が広まっていったようです。

どうも善鸞は、親鸞聖人から直接お念仏の教えを受けた関東門弟の方々から支持を受けるために、自分ひとりだけが親鸞聖人から夜こっそりと本当の教えを受けた、と言いふらしていたようです。そして、そのなかで善鸞は、阿弥陀如来の四十八願のうち、第十八願を萎《しぼ》んだ花に例えて門弟のみんなに棄てるように言っていました（『註釈版聖典』七五五頁）。

「第十八《だいじゅうはち》の本願《ほんがん》」とは、阿弥陀仏が衆生を涅槃のさとりに至らしめる「至心信《ししんしん》楽の願《ぎょう》」で、親鸞聖人は最も重要な本願として説いておられましたが、善鸞はこの本願はもう古いと言っていたようです。

さらに善鸞は、親鸞聖人から聞いた話と違うとして善鸞自身が主張することに対して否定的だった、横曾根の性信《しょうしん》や高田の真仏たちを鎌倉幕府に訴えて、取り締まりをするように働きかけていました。このため、関東門弟の間ではさらに動揺が広がっていったのでした。

善鸞が関東に赴いて四年ほど経った頃、親鸞聖人はようやくこのような事態を知ることとなりました。そこで親鸞聖人は、建長八年（一二五六）五月二十九日に我が子の善鸞を義絶《ぎぜつ》することを決め、その旨を善鸞と門弟の性信にお手紙で伝えました。聖人八十四歳のことです。

親鸞聖人は、そのお手紙のなかで、

いまは親《おや》といふことあるべからず、子《こ》とおもふことおもひきりたり。（中略）

かなしきことなり。

（『親鸞聖人御消息』第九通、『註釈版聖典』七五五頁）

と述べられ、今となっては自身を親と思うことなく、また善鸞を子と思うこともないというように、きっぱりとおっしゃっています。

八十四歳という高齢になってから、四十年以上も一緒にいて信頼を寄せていたわが子善鸞が、浄土真宗の教えをきっちりと受け継いでいなかったことに対する親鸞聖人の悔しさが、このお手紙からにじみ出ているように感じます。

しかしそれ以上にこの事件は、わが子を義絶するという選択をされてまでも、お念仏の教えを守り通された親鸞聖人の真摯《しんし》な態度を、あらためて感じとることができるのではないでしょうか。

親鸞聖人筆の名号

親鸞聖人が自ら筆を執って書かれた礼拝対象の名号としては、現在、四幅残っていることが知られています。その四幅の名号とは、本派本願寺に所蔵されている六字名号（南无阿弥陀仏）の一幅、真宗高田派本山・専修寺に所蔵されている十字名号（帰命尽十方《きみょうじんじっぽう》无㝵《むげ》光如来《こうにょらい》）と八字名号（南无不可思議光仏《なもふかしぎこうぶつ》）の二幅、愛知県岡崎市・妙源寺《みょうげんじ》に所蔵されている十字名号の一幅です。

名号については、親鸞聖人が『選択集』を書き写して法然聖人のもとに持って行かれた時、法然聖人から内題とともに「南無阿弥陀仏《なもあみだぶつ》　往生之業《おうじょうしごう》　念仏為本《ねんぶついほん》」と書いていただいたことが知られていますので、法然聖人はすでに六字名号を尊重されていたことがわかります。

六字名号の「南無阿弥陀仏」とは、梵語《ぼんご》（サンスクリット）を漢字に音訳しただけのものですから、親鸞聖人はその内容を意味するものとして、十字名号や八字名号も用いられました。

親鸞聖人が書かれた四幅の名号は、それぞれ中央に縦長の紙を配して、そこに蓮台《れんだい》に乗った名号を書き（蓮台は名号を書いた後に描き加えられたもの）、その上下には別紙で讃が添えられています。上部の讃には、「浄土三部経」のうちの『無量寿経』にある四十八願のなかから一つないし二つの願文《がんもん》を抜き書きし、下部の讃には、インドの天親菩薩《てんじんぼさつ》の『浄土論』のなかにある「願生偈《がんしょうげ》」や、『無量寿経』のなかの「重誓偈《じゅうせいげ》」などから一文を抜き書きして、名号の意義や親鸞聖人が帰依する阿弥陀如来の教えを解説するために添えられたのです。

第一章でも触れましたが、本願寺所蔵の六字名号の下部讃の最終行には、親鸞聖人の自筆で「康元元丙辰《ひのえたつ》十月廿八《にじゅうはち》日書之《これをかく》」と書かれています。また、専修寺所蔵の十字名号と八字名号には、ともに表具の裏に貼られた親鸞聖人自筆の裏書《うらがき》に、「方便法身尊号《ほうべんほっしんそんごう》　康元元丙辰十月廿五《にじゅうご》日書之」と書かれています。さらに、妙源寺所蔵の十字名号の上部讃

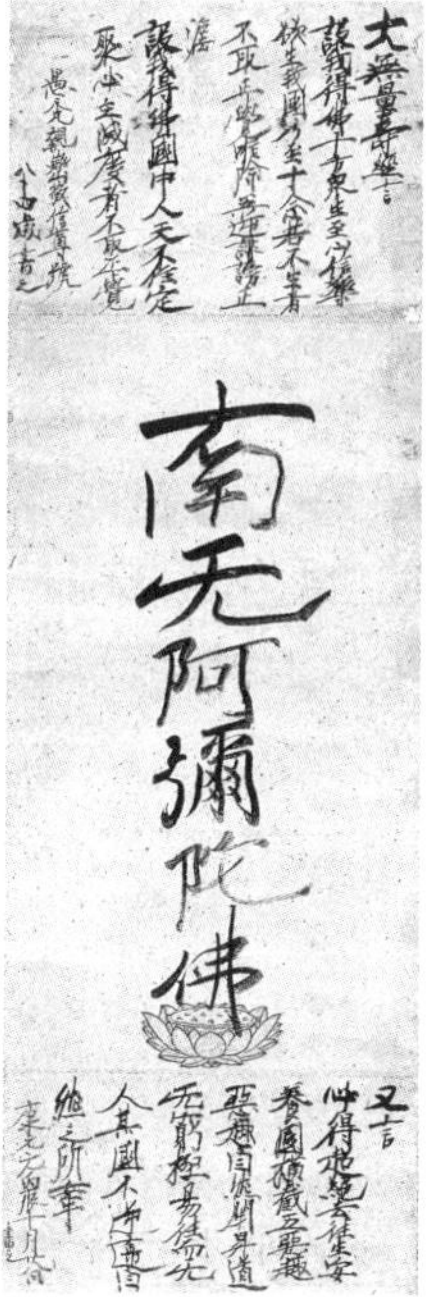
六字名号（本願寺蔵）

の最終行には、同じく親鸞聖人の自筆で「康元元丙辰十月廿八日書之」と書かれています。

これらのことから、現存する親鸞聖人自筆の四幅の名号は、聖人が八十四歳である、康元元年（一二五六）十月二十五日と二十八日の二日で書かれたことがわかります。

『三河念仏相承日記《そうじょうにっき》』という記録によると、真仏・顕智・専信房・弥太郎の四人は、建長八年十月十三日（厳密には、この年の十月五日に康元元年と改元）に三河国《みかわのくに》（愛知県）矢作《やはぎ》の薬師寺で念仏勧進を行った後に、上洛したとされています。

真仏と顕智は、親鸞聖人が関東におられた時に聖人から直接お念仏の教えを受けて、上野国（栃木県）の高田でその教えを守り広め、高田派の第二代と第三代に数えられる人物です。また専信房は専信房専海《せんかい》といい、元は上野国高田の住人で真仏の門下でしたが、後に遠江国（静岡県）に移住し、三河国岡崎の願照寺を開いたとされています。さらに弥太郎は、専信房のお供をしてきた人物で、後に出家して法名を随念《ずいねん》と称しました。

真仏たちが、この時、関東から親鸞聖人のもとへ上洛した理由は、親鸞聖人がこの年の五月に息子の善鸞を義絶した事後報告のためだったと考えられています。

この『三河念仏相承日記』の記録と、名号の所蔵されている状況をあわせて考えると、四人は、十月十三日に三河国を経て上洛して親鸞聖人のもとを訪れた時、二十五日に真仏と顕智が親鸞聖人にお願いして、十字名号と八字名号を書いていただきました。ところが、そのことを知った専信房と弥太郎は、三日後の二十八日に親鸞聖人に名号の染筆《せんぴつ》をお願いして、十字名号と六字名号を書いていただいたものと考えられます。二十八日に書かれた二幅の名号は、後に現在の所蔵となったようです。

親鸞聖人自筆の四幅の名号のうち、特に二十五日に書かれた二幅の名号は、字配りにやや不均等な感じを受けます。このことは、親鸞聖人が自身で名号を書くことに慣れておられなかったためで、生涯を通じてそんなにたくさん書かれなかったものと思われます。

なお、親鸞聖人が制作に関わった名号としては、この四幅の名号の他に三幅あります。それは専修寺の所蔵で、絹地に名号の部分などが絵師によって描かれたものに、上下に親鸞聖人自ら讃を筆で書き加えられた十字名号が二幅（「黄地十字《おうじ》」「紺地十字《こんじ》」と呼ばれています）と、紙に「南无尽十方无㝵光如来」と親鸞聖人自ら墨で書かれた十字名号です。前の二幅は礼拝対象ですが、後の一幅は蓮台や讃も書かれていなく礼拝対象としては未完成なため、聖人の試作的なものだったと考えられています。

親鸞聖人の御影

親鸞聖人のお姿を描いた御影の存在については、先にも触れたように、聖人が示寂された報せを越後国（新潟県）で受けた恵信尼さまが、翌弘長三年（一二六三）二月に娘の覚信尼さまに宛てた手紙のなかに、「あの御影《ごえい》の一幅《いっぷく》、ほしく思《おも》ひまゐらせ候《そうろ》ふなり」（『註釈版聖典』八一五頁）と記しています。この手紙で恵信尼さまは、往生された親鸞聖人を慕う気持ちから、聖人のお姿を描いた御影を届けてほしいとお願いしています。ここで、恵信尼さまは「あの御影の一幅」といって、親鸞聖人と一緒にいた時にあった聖人の御影を指し示していることから、親鸞聖人在世中にはすでに、聖人を描いた御影が存在していたことがわかります。

現在知られている親鸞聖人在世中の御影（寿像）としては、本願寺に所蔵されているものに「安城御影《あんじょうのごえい》」（正本・国宝）があります。安城御影は、もともとは三河国（愛知県）の安城に伝来していたためそのように呼ばれていますが、本願寺第九代実如上人の時に本願寺に寄進されました。

「安城御影」副本（本願寺蔵）

安城御影には、上部に二段と、

下部に一段の讃が付けられており、この讃銘の筆跡が親鸞聖人自身のもので、下部讃銘の最後のところに、「愚禿親鸞」と自身の名前とともに「八十三歳」と記されています。親鸞聖人八十三歳の建長七年(一二五五)に自身が関わって制作されたもので、朝円《ちょうえん》という絵師によって描かれました。安城御影は破損が激しいため、本願寺第八代蓮如上人が修理を施し、文明《ぶんめい》十一年(一四七九)に忠実な模写(副本・国宝)が制作されました。この時、正本に書かれていた説明文が蓮如上人によって書き写されて、副本の裏に貼《は》られています。

副本の裏の説明文によると、上畳《あげだたみ》の上に右斜め向きに座る親鸞聖人は、首に帽《もう》子《す》と呼ばれる襟巻《えりま》きを巻き、口元を細めて少し尖《とが》らせた「嘯《うそぶ》き」という表情などに特徴があるとされています。この御影を目にされた親鸞聖人は、鏡に写っているよりよく似ていて白髪の数までも違わないほどだ、とおっしゃったということです。この御影で注目されるのは、聖人が畳の上に狸《たぬき》の毛皮を敷いて座っているほか、桑製の火桶《ひおけ》、猫《ねこ》皮を貼った草履《ぞうり》、猫皮を巻いて途中が二股に分かれた桑製の鹿杖《かせづえ》が、畳の前に並べて描かれていることです。このように動物の皮を使った杖・草履・敷物は、旅をしながら念仏を広める聖の姿を表したものですから、関東において各地を訪れて念仏を説き広められた親鸞聖人の姿を描いたものと考えられます。

安城御影は、もとは下野国（栃木県）の高田門徒の系譜を引き、後に三河国に移住した専信房専海が所有していたものです。専海は、安城御影が制作されたのと同じ年の建長七年六月二十二日に、『教行信証』を書き写すことを許されています。これは、かつて親鸞聖人が法然聖人から『選択集』の書写とともに、法然聖人の御影を制作することが許された例にならったものと考えられます。

親鸞聖人のお姿を描いた御影として、もう一点重要なものがあります。それが本願寺に所蔵されている「鏡御影《かがみのごえい》」（国宝）です。鏡御影は安城御影と違って、紙に墨だけで親鸞聖人のお姿を描いたものです。この御影は、聖人が立ち姿で描かれているところが非常に珍しいものです。聖人のお姿を毛の端までも違わず描いているところから、鏡御影と呼ばれています。

鏡御影は、顔を細い墨線《すみせん》で丁寧に描いているのに対して、身体のほうはいったん薄い線で描いた上から、濃い墨で大胆に重ね描きされています。このことが、『御伝鈔』上巻第八段「入西鑑察《にゅうさいかんざつ》」にある親鸞聖人七十歳時のエピソードと共通するため、以前はこの時、定禅法橋によって描かれたものと考えられたこともありますが、近年この説は否定されています。

この御影の作者は、鎌倉時代の似絵《にせえ》（肖像画）の名手として名高い藤原信実《のぶざね》の子で、袴殿《はかまどの》と号した専阿弥陀仏《せんあみだぶつ》です。専阿弥陀仏は、親鸞聖人を尊拝《そんぱい》して、感涙のなかで描いたとされています。鏡御影がいつ描かれたのかについては、その年代がはっきりわかっていませんが、親鸞聖人の特徴を極めてよくとらえて描かれているところから、聖人を目の前にしてスケッチしたものと考えられますので、聖人在世中の寿像としてよいでしょう。

親鸞聖人が在世中には、聖人に感謝の意を表すために、すでにいくつかの御影が制作されていたのです。

帰洛後の住居

京都に帰られた後の親鸞聖人が住んでおられたところについて、『御伝鈔』には、

長安《ちょうあん》・洛陽《らくよう》の棲《すみか》も跡《あと》をとどむるに懶《ものう》しとて、扶風《ふふう》馮翊《ふよく》ところどころに移住《いじゅう》したまひき。

（『註釈版聖典』一〇五六―一〇五七頁）

とされており、京都に帰られた後は一所に定住することを好まなかったので、右京や左京をあちこち転々とされていたとあります。しかしその続きには、

五条《ごじょう》西洞院《にしのとういん》わたり、これ一《ひと》つの勝地《しょうち》なりとて、しばらく居《きょ》を占《し》めたまふ。

（『同』一〇五七頁）

とあって、五条西洞院に居所を構えておられたとあります。

現在、本願寺の少し北側には五条通があり、車が頻繁に通っています。この五条通は、豊臣秀吉によって整備されて「五条通」とされたものですから、親鸞聖人の在世中のものではありません。親鸞聖人の頃の五条通は、現在の五条通から二本北にある松原通にあたります。ですから親鸞聖人は、今の松原西洞院あたりに一時期住んでおられたようです。

この地域は今も民家が密集した所ですが、親鸞聖人の頃も人家が建ち並んでいたものと考えられますので、聖人は京都に帰られた後も、たくさんの民衆が住み、道を行き交うような日常のなかで、民衆とともに生活をされていたのでしょう。

ところが、十二月十五日の日付で下野国(栃木県)高田の真仏に宛てられた親鸞聖人の「御消息」のなかには、「この十日《とおか》の夜《よ》、せうまうにあうて候《そうろ》ふ」(『註釈版聖典』八〇四頁)とあり、十二月十日の夜に焼亡《しょうもう》に遭《あ》ったとされていますので、住んでおられた住坊が火事で焼失してしまったようです。

この親鸞聖人の御消息には年代が書かれていませんので、聖人がいつ住坊で火事に遭われたのかわかりません。そこで、注目されるのが『恵信尼消息』です。現在、本願寺に残されている恵信尼さまの手紙のなかに、建長八年九月十五日の日付のものがあります。このなかに、覚信尼さまが恵信尼さまから送られた証文（書類）を「せうまう（焼亡）」のために焼けてしまったそうなので、改めて書き直しますと記されています。

恵信尼さまは、建長八年には既に越後国（新潟県）に赴かれていますので、親鸞聖人のもとにおられたのは末娘の覚信尼さまでした。そのため、覚信尼さまも親鸞聖人とともに火災に遭ったようです。

大切な証文が焼失してしまったのが、建長八年九月に近い年の十二月十日ということですから、前年の建長七年と考えられます。

親鸞聖人は、真仏と親しい円仏房が関東から聖人を訪ねてこられたことについて、「この御《おん》ばうよくよくたづね候《そうら》ひて候《そうろ》ふなり」（『註釈版聖典』八〇四頁）と書かれていて、住坊が火事で焼けてしまったのに、円仏房はよくぞ自分のところを訪ねてくれたことですと、円仏房のことをありがたく感じておられる様子がわかります。

五条西洞院の住坊が火事で焼けてしまったのは、建長七年の親鸞聖人八十三歳の時のことでした。これは、十二月十日という年の瀬も迫ってこようという時期でしたし、冬という寒さの厳しい季節でした。このような時に住坊を失ってしまったため、親鸞聖人は急遽、住まいを探さなければならなくなりました。そこで頼って行かれたのが、天台宗の僧侶をしていた弟の尋有の住坊であった、善法坊《ぜんぼうぼう》だったようです。

親鸞聖人の門弟である下野国高田の顕智が、正嘉《しょうか》二年（一二五八）に京都の聖人を訪ねてきて受けた「自然法爾《じねんほうに》」の法語に、顕智自身が「正嘉二歳戊午《つちのえうま》十二月日善法坊僧都《ぜんぼうぼうそうず》御坊三条富小路《とみのこうじ》の御坊にて聖人にあひまゐらせての聞き書き」（『註釈版聖典』七六八頁脚註）と記しています。ここにある善法坊僧都が尋有のことで、その里坊のあった場所が三条富小路ということでした。この地は、『御伝鈔』のなかで親鸞聖人が往生された「押小路《おしこうじ》の南《みなみ》、万里小路《までのこうじ》より東《ひんがし》」（『同』一〇五九頁）とされる所と同じですから、親鸞聖人は亡くなるまでそこに住んでおられたのです。

親鸞聖人は、八十歳を過ぎた時に火事で住坊を出ていかなければならなくなりました。高齢の聖人のご苦労が偲《しの》ばれます。

自然法爾の事

関東から京都に帰られた親鸞聖人のもとには、しばしば関東の門弟の方々が訪れてきました。

たとえば、『御伝鈔』には、常陸国（茨城県）の那荷西郡大部郷《なかのさいのこおりおおぶのごう》に住していた平《へい》太郎《たろう》が、職務のために紀伊国《きいのくに》（和歌山県）の熊野社に参詣することになったことが記されています。平太郎は、親鸞聖人から教えを受けて阿弥陀如来を信仰している身でありながら、熊野社に参詣しなければならなくなったことをどのように対応したらよいのか、五条西洞院《にしのとういん》の親鸞聖人のもとを訪ねて相談しています。また、『親鸞聖人御消息』のなかにも、聖人のもとに関東門弟が来訪していることが記されています。

そのようななかで正嘉二年に、下野国（栃木県）高田の顕智が三条富小路の善法坊におられた親鸞聖人を訪ねて、十二月十四日に「自然法爾《じねんほうに》の事《こと》」と題する法語をいただいたことが知られています。

この法語のなかで親鸞聖人は、

「自然《じねん》」といふは、「自《じ》」はおのづからといふ、行者《ぎょうじゃ》のはからひにあらず。「然《ねん》」といふは、しからしむといふことばなり。しからしむといふは、行者《ぎょうじゃ》のはからひにあらず、如来《にょらい》のちかひにてあるがゆゑに法爾《ほうに》といふ。「法爾《ほうに》」といふは、この如来《にょらい》の御《おん》ちかひなるがゆゑに、しからしむるを法爾《ほうに》といふなり。

（『註釈版聖典』七六八頁）

とされています。

これによると、親鸞聖人は「自然法爾」として、浄土往生とは念仏の行者のはからいによるのではなく、阿弥陀如来の本願のはたらきによってなされるものであり、これこそがまさに他力本願であることをはっきりと示されています。

いま改めて親鸞聖人の生涯を振り返ると、聖人は建仁元年（一二〇一）の二十九歳の時、比叡山を下りて、法然聖人のもとに行かれ専修念仏に帰入されました。さらに元久二年（一二〇五）には、法然聖人から『選択本願念仏集』の書写を許されたことで、法然聖人から親鸞聖人が専修念仏についてしっかりと理解されたことを認められるまでになりました。

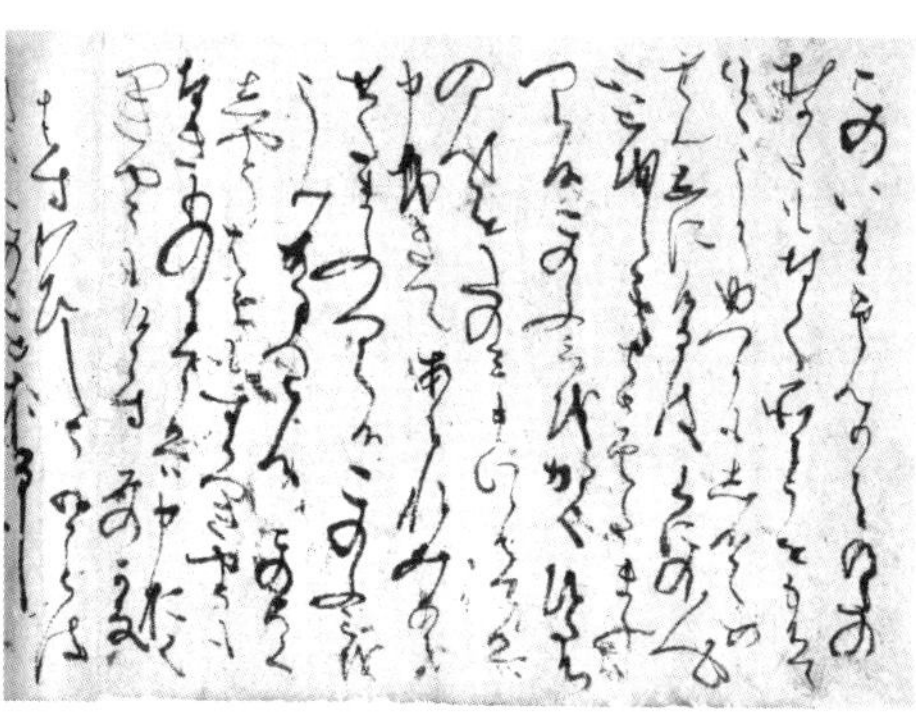

親鸞聖人御消息（本願寺蔵）

ところが親鸞聖人は、承元の法難によって越後国（新潟県）に流罪になった後、関東に移られる途中の建保二年（一二一四）には、上野国（群馬県）の佐貫において、衆生利益のためと考えて「浄土三部経」を千回読もうとされました。しかし、すぐにこれを中止され、自分には名号を称えるということがあるにもかかわらず、名号以外にどのような不足があって何度もお経を読もうとしたのだろうかと反省して、「人《ひと》の執心《しゅうしん》、自力《じりき》のしんは、よくよく思慮《しりょ》あるべし」（『同』八一六頁）と、人が持つ執着の心、自力の心は、よくよく考えて気をつけなければならないと思われたということです。

この時、親鸞聖人は、法然聖人の専修念仏に帰入されて他力本願の教えをしっかり理解されていたはずではあるのに、二十年間比叡山で自力の修行をしておられた時の経験が、十数年経った後でも、ふとしたことからよみがえってくるものであるという経験をされたのです。

その後、親鸞聖人は関東において二十年間、専修念仏を人びとに説き広められ、多くの門弟ができました。さらに、関東から京都に帰られた後も、関東門弟に対してお聖教やお手紙（御消息）を書いて、門弟教化に努められました。

「自然法爾」の法語を顕智に授けられた正嘉二年には、親鸞聖人はすでに八十六歳になられていましたので、法然聖人の専修念仏に帰入されてから五十七年も経っていることになります。このような生涯のなかで、親鸞聖人は、永年にわたる関東門弟への教化を通して、自分自身でも他力本願の教えをさらに深めていかれたのではないでしょうか。

親鸞聖人は、この法語のなかで、

「自然《じねん》」といふは、もとよりしからしむるといふことばなり。

弥陀仏《みだぶつ》の御《おん》ちかひの、もとより行者《ぎょうじゃ》のはからひにあらずして、南無阿弥陀《なもあみだ》仏《ぶつ》とたのませたまひて、迎《むか》へんとはからはせたまひたるによりて、行者《ぎょうじゃ》のよからんともあしからんともおもはぬを、自然《じねん》とは申《もう》すぞ

（『註釈版聖典』七六八頁）

と言われていますので、まさに念仏の教えとは念仏の行者がよいとか悪いとか思いはからうものではなく、南無阿弥陀仏と信じさせて浄土に迎えようとはたらいてくださっている、阿弥陀仏の本願にまかせきるという境地に到達されたのです。

親鸞聖人は、永年にわたるお念仏の教えの研鑽《けんさん》を通して、私たちに他力本願の教えを示してくださったのです。

親鸞聖人の示寂

京都において晩年を過ごされた親鸞聖人は、九十歳になられた弘長二年十一月下旬になると、身体の不調が著しくなられました。この時の聖人の様子については『御伝鈔』に記されています。これによると親鸞聖人は、いささか不例《ふれい》の気《き》まします。それよりこのかた、口《くち》に世事《せいじ》をまじへず、ただ仏恩《ぶっとん》のふかきことをのぶ。（『註釈版聖典』一〇五九頁）

とあり、体調を崩されてからは世俗の話は口にされず、ご自身が仏恩を深くいただいたことだけを述べられていました。さらに、

声《こえ》に余言《よごん》をあらはさず、もつぱら称名《しょうみょう》たゆることなし。（『同』）

と、親鸞聖人は他のことは声には出されず、ひたすらお念仏を称えておられたということです。

そして、弘長二年十一月二十八日の午《うま》の時（昼の十二時頃）、

頭北面西右脇《ずほくめんさいうきょう》に臥《ふ》したまひて、つひに念仏《ねんぶつ》の息《いき》たえをはりぬ。（『同』）

と、聖人はお釈迦さまが入滅《にゅうめつ》された姿と同じように、頭を北にお顔を西に向け右脇を下にして臥しておられましたが、終《つい》にはお念仏の声が絶えてしまいました。

親鸞聖人が示寂された弘長二年十一月二十八日とは太陰暦(旧暦)で表したものです。日本では明治六年(一八七三)から太陽暦(新暦)が採用されることとなりましたので、本願寺派ではそれ以降の日本社会の暦を尊重して、親鸞聖人の示寂の日を、新暦で逆算した一二六三年一月十六日としました。以来本願寺では、親鸞聖人の命日にあわせて行われる報恩講《ほうおんこう》は、新暦に改めた一月につとめられるようになったのです。

親鸞聖人が示寂された場所は、『御伝鈔』によると、「長安馮翊《ちょうあんふよく》の辺《ほとり》」(『註釈版聖典』一〇五九頁)で「押小路《おしこうじ》の南《みなみ》、万里小路《までのこうじ》より東《ひんがし》」(『同』)とされています。この場所とは、通りの表現が違いますが、正嘉二年十二月十四日に、下野高田の顕智が親鸞聖人のもとを訪ねて「自然法爾」の法語を受けた三条富小路にあたりますので、聖人の弟・尋有の住坊であった善法坊になります。聖人は、八十三歳の建長七年十二月十日に住坊が火災に遭い、急遽、弟の住坊を頼って移られて以来、ここで暮らしておられたようです。

親鸞聖人のご往生の地については諸説あり、浄土真宗本願寺派では、江戸時代末期に現在の本願寺の飛地境内である角坊《すみのぼう》を善法坊の旧跡とし、親鸞聖人ご往生の地と定めました。

また、聖人の臨終に立ち会った人物については、晩年の聖人のお世話をしていた末娘の覚信尼さまと息子の益方入道がいました。

益方入道は、恵信尼さまとともに越後（新潟県）に移住していましたが、親鸞聖人の病状が思わしくないという知らせを受けて、恵信尼さまに代わって京都に向かいました。そのことに

京都御池中学校（善法坊跡）

ついて『恵信尼消息』には、

益方《ますかた》も御《ご》りんず（臨終）にあひまゐらせて候《そうら》ひける、親子《おやこ》の契《ちぎ》りと申《もう》しながら、ふかくこそおぼえ候《そうら》へば、うれしく候《そうろ》ふ、うれしく候《そうろ》ふ。

（『同』八一三頁）

とあり、益方入道が親鸞聖人の臨終に立ち会うことができたので、親子の宿縁《しゅくえん》というものは本当に深いことだと感じて、うれしいことですといわれていますので、聖人の臨終に立ち会ったことがわかります。

また、弟の尋有は、親鸞聖人が住んでおられた善法坊の所有者ですから、聖人の臨終に立ち会ったものと考えられますし、門弟では高田の顕智や専信房専海も聖人の示寂に駆け付けたようです。このような人びとをはじめ、京都の門弟たちの見守るなか、親鸞聖人は往生されたのでした。

弘長二年十一月二十八日（一二六三年一月十六日）に往生された後の親鸞聖人について、『御伝鈔』には、

はるかに河東《かとう》の路《みち》を歴《へ》て、洛陽東山《らくようひがしやま》の西《にし》の麓《ふもと》、鳥部野《とりべの》の南《みなみ》の辺《ほとり》、延仁寺《えんにんじ》に葬《そう》したてまつる。遺骨《いこつ》を拾《ひろ》ひて、おなじき山《やま》の麓《ふもと》、鳥部野《とりべの》の北《きた》の辺《ほとり》、大谷《おおたに》にこれををさめをはりぬ。

（『註釈版聖典』一〇五九－一〇六〇頁）

と記されており、聖人の遺体は、二十九日には東山の鳥部《とりべ》（辺）野《の》の南にある延仁《えんにん》寺《じ》というところにおいて、火葬に付されました。さらに翌三十日に拾骨《しゅうこつ》が行われて、同じ鳥部野の北の大谷《おおたに》という地にお墓が営まれました。

覚信尼さま

さて、親鸞聖人と恵信尼さまの間には六人の子どもがいました。その末っ子と

して誕生したのが覚信尼さまです。

恵信尼さまが覚信尼さまに送った手紙『恵信尼消息』のなかに、寛喜三年（一二三一）に親鸞聖人が高熱を出した時のことが記されています。恵信尼さまはこの時の覚信尼さまについて、「幼《おさな》く、御身《おんみ》の八《や》つにておはしまし候《そうら》ひし年《とし》」（『註釈版聖典』八一五頁）と記されており、この時、覚信尼さまは数え年で八歳であったことがわかります。これから逆算すると、覚信尼さまは親鸞聖人がお念仏を広めておられた関東において、元仁元年（一二二四）、親鸞聖人が五十二歳、恵信尼さまが四十三歳の時に誕生したことになります。覚信尼さまは、親鸞聖人が関東を後にして京都に帰られた時には十歳ぐらいだったことになりますので、恵信尼さまやその子どもたちといっしょに、京都に行かれたものと考えられます。

京都に来た覚信尼さまは、しばらくしてから久我《こが》太政大臣通光《みちみつ》のもとに仕えて、兵衛督局《きょうえのかみのつぼね》と名乗りました。

その後、覚信尼さまは、日野広綱《ひろつな》と結婚しました。

広綱の父の信綱については、「日野一流系図」によると、親鸞聖人の父の有範の兄で、聖人が慈鎮和尚（慈円）のもとで出家された時に伴って行ったとされる日野範綱の子となっています。ところが、真宗高田派本山専修寺に所蔵されている「日野氏系図」によると、信綱は範綱の弟で有範の兄にあたる宗業の子とされており、一定していません。いずれにしても広綱と覚信尼さまは又従兄妹《またいとこ》になります。

覚信尼さまがいつ広綱と結婚したのかは、はっきりしたことがわかっていませんが、寛元《かんげん》元年（一二四三）の二十歳の頃には、広綱とのあいだに長男の覚恵《かくえ》が誕生していますから、その少し前には結婚していたものと考えられます。このように、覚信尼さまは京都に生活基盤をおいていたため、恵信尼さまが子どもたちといっしょに越後（新潟県）に赴いた時には、恵信尼さまと離れて京都に残ることとなったのです。

ところが、夫の日野広綱は、覚恵が七歳の建長《けんちょう》元年（一二四九）頃に亡くなりましたので、覚信尼さまは子どもとともに親鸞聖人のもとに身を寄せることとなりました。このため親鸞聖人の最晩年には、覚信尼さまが聖人のもとにいてお世話をしていたようで、親鸞聖人が示寂された時には、覚信尼さまがお側にいて聖人を看取られました。この時、覚信尼さまは三十九歳でした。

覚信尼さまは、弘長二年十一月二十八日（一二六三年一月十六日）の親鸞聖人の示寂に立ち会い、翌二十九日の荼毘《だび》（火葬）、さらに翌三十日の拾骨という葬送を終えたその翌日の十二月一日に、越後にいた恵信尼さまに手紙を書いて、聖人が亡くなったことを報せました。

その手紙のなかで、先にも少し触れましたが、覚信尼さまは聖人が本当に浄土往生をされたのかについて不安になったようで、そのことについて恵信尼さまに質問したようです。このため、恵信尼さまは覚信尼さまに対して返事の手紙を出されて、「されば御《ご》りんず《（臨終）》はいかにもわたらせたまへ、疑《うたが》ひ思《おも》ひまゐらせぬうへ」（『註釈版聖典』八一三頁）と記して、親鸞聖人がご往生されたことについては確かなことですから疑うことではありません、とはっきり答えているのです。

それ以後も、恵信尼さまと覚信尼さまとの間でしばしば手紙の遣《や》り取りがなされました。

覚信尼さまは、親鸞聖人が示寂された後に、小野宮《おのみや》（中院《なかのいん》）禅念《ぜんねん》と結婚しました。そしてそれから後、覚信尼さまは親鸞聖人の廟所《びょうしょ》をお守りすることとなりました。聖人の廟所を後に発展させたのが本願寺ですから、越後の恵信尼さまから送られた手紙の一部が覚信尼さまのもとに残され、それが本願寺に受け継がれることとなったのです。このため、恵信尼さまが記した『恵信尼消息』によって、親鸞聖人のご生涯やご苦労の一部を知ることができるのです。

廟所から本願寺へ

親鸞聖人の遺骸《いがい》が葬られた鳥部野は、鳥辺野と書かれることが多いようですが、ここは古くから葬送《そうそう》の地とされていたところです。

平安京の周辺には、いくつか「野」と付く地があります。延暦十三年（七九四）、京都の地に平安京が営まれると、平安京にはたくさんの人が暮らすようになりましたが、そのようなところで遺骸をそのまま放置していると、不衛生になり疫病が流行しました。そこで、京域内《きょういきない》（東は今の寺町通の辺《あたり》、西は今の天神川の辺、南は今の九条通、北は今の今出川通の辺の内側）は清浄を保つこととされ、遺骸は速やかにその外に運び出さなければなりませんでした。こうして、京域内の衛生を保とうとしたのです。このため、平安京の周辺で葬送が行われるようになり、徐々に葬送の場が確定されて、「野」の字の付く場所に固定化していきました。

例えば、西方には、今では観光地として著名な嵯峨野《さがの》が、さらにその西には化野《あだしの》という地があります。また北方には、朱雀《すざく》大路（現在の千本通）を北に行くと紫野《むらさきの》や蓮台野《れんだいの》という地があります。このように鳥部野とともに京都の周辺部にある「野」の字が付くところは、古代以来葬送の地とされていました。そのなかでも鳥部野は最も大きな葬送の地で、一般庶民も多く埋葬されました。親鸞聖人の墳墓《ふんぼ》が営まれた大谷は、聖人にとってお念仏の師であった法然聖人のお墓が営まれていたところでしたので、あえてその近くに造られたのです。

中世の鳥部野は、東山の麓で南北に長く丘陵《きゅうりょうじょう》状に伸びた地で、北は今の知恩院の辺から、南は大谷本廟《ほんびょう》の南にあたる今熊野《いまぐまの》の辺にいたる広い範囲でした。

この葬送の地とされていた鳥部野に親鸞聖人の遺骸も運ばれて、火葬に付された後、お墓が営まれたのでした。当初の親鸞聖人のお墓がどこに造られたのか具体的な場所はわかっていませんが、「大谷」という場所に営まれたということからすると、今の知恩院の辺だったと考えられます。

また、親鸞聖人のお墓について、『親鸞聖人伝絵』を見てみると、小さな笠が付けられた、石の塔の周りを簡単な木の柵で囲まれているだけの簡素なもの

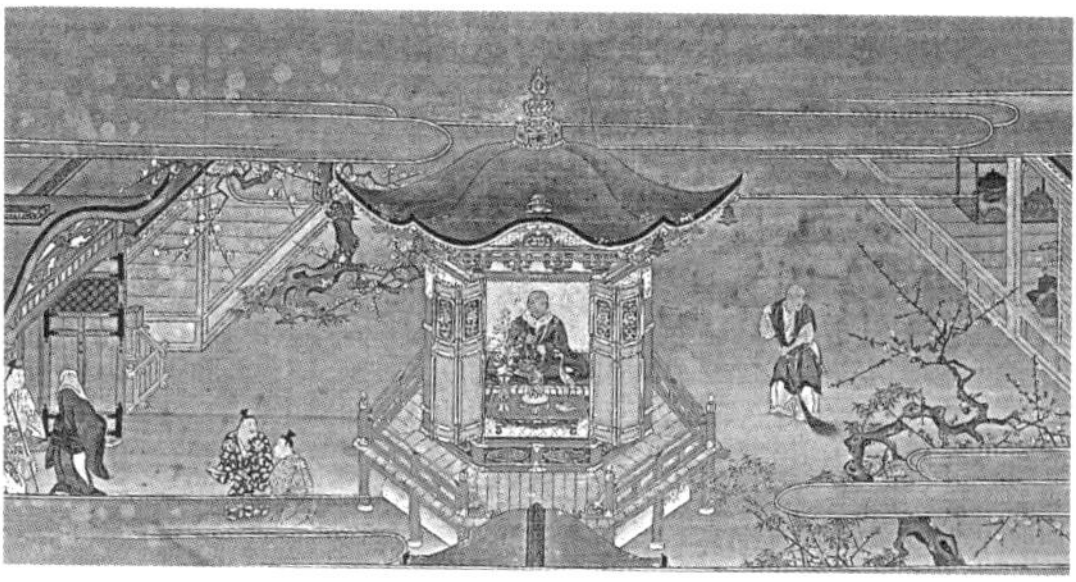

「親鸞聖人御絵伝」廟堂創立（本願寺蔵）

だったことがわかります。親鸞聖人のお墓に立てられていた石の塔は、比叡山の横川で日本浄土教を大成した源信和尚（恵心僧都）のお墓と共通した、「横川形式」と呼ばれるものですから、比叡山時代の親鸞聖人と横川の関係を継承したものと考えられています。

もともと、親鸞聖人のお墓が営まれた地は東山鳥部野の北にあって、誰もが埋葬することのできる公共性の高い場所でした。このため墓所の所有権を認められるものでもなく、恒常的に維持管理をすることが難しく、他の人が埋葬したことで親鸞聖人のお墓が壊され、いつの間にか聖人のお墓がわからなくなる可能性がありました。そんなことで、お念仏のご縁をいただいた親鸞聖人を忘れてしまうようになってはもったいないと考えられるようになりました。そこで、聖人のお墓を永続的にお護りするために土地の所有権がきっちりと認められるところが必要となり、文永九年（一二七二）に、聖人のお墓を覚信尼さまが住んでいた敷地のなかに移すことになったのです。

関東の門弟たちは、自分たちに念仏の教えを伝えてくださった親鸞聖人に対する感謝の気持ちを大切に護り伝え、聖人のことを忘れないようにと、親鸞聖人の木像を造り、お墓に仏閣(廟堂)が造られることになりました。親鸞聖人の木像は、聖人のお姿を写した影像《えいぞう》で、親鸞聖人を尊敬する気持ちから「御影像《ごえいぞう》」と呼ばれました。さらに、この木像が親鸞聖人の真のお姿を写したものとして尊重されるようになり、「御真影《ごしんねい》」と呼ばれるようになりました。

親鸞聖人のお墓に聖人の影像が安置されると、大谷廟堂も大谷影堂《えいどう》とも呼ばれるようになり、さらに親鸞聖人への尊崇《そんすう》の念を込めて「御影堂《ごえいどう》」と呼ばれるようになりました。そして、これがさらに発展して「本願寺」となり、その後も永《なが》く人びとに守り親しまれることとなったのです。

親鸞聖人関連年表

※月日の項、○印は不詳であることを表す。

年号	西暦	宗祖・年齢	月日	事項
承安三	一一七三	一	○	日野有範の子として誕生。
養和元	一一八一	九	春	慈円の坊舎で出家得度、範宴と号する。
寿永元	一一八二	一〇	○	恵信尼誕生。
建久九	一一九八	二六	○	法然房源空、『選択本願念仏集』を著す。
建仁元	一二〇一	二九	○	比叡山を下り、六角堂に参籠。救世観音の夢告により、法然の門に入って専修念仏に帰す。
元久元	一二〇四	三二	11・—	法然、専修念仏弾圧に対し誓文を山門に送り、門弟に七箇条制誡に署名を求める。
			11・8	七箇条制誡に「僧綽空」と連署。
二	一二〇五	三三	4・14	法然から『選択集』を付属され、同日、法然の影像を図画することを許される。
			閏《うるう》7・29	図画した影像に法然が讃を書く。同日、綽空の名を改める。
			10・—	興福寺学徒、専修念仏について九失をあげて停止を訴える（興福寺奏状）。

承元元	一二〇七	三五	2上旬	専修念仏停止により越後国府に流罪となる。法然は土佐（実際は讃岐）、門弟五人も配流、また西意・性願・住蓮・安楽は死罪となる（承元の法難）。
建暦元	一二一一	三九	11・17	流罪を赦免される。
二	一二一二	四〇	1・25	法然示寂（八〇歳）。
建保二	一二一四	四二	◯	上野佐貫で「浄土三部経」の千部読誦を発願。やがて中止して常陸に赴く。
元仁元	一二二四	五二	8・5	延暦寺衆徒の訴えにより専修念仏停止。
			◯	『教行信証』に仏滅年代算定基準としてこの年をあげる。
安貞元	一二二七	五五	6・24	延暦寺衆徒、大谷の法然の墳墓を破却する（嘉禄の法難）。
			6・―	隆寛・幸西・空阿を遠流に処し、ついで専修念仏を停止する。
寛喜三	一二三一	五九	4・4	病臥の夢中に建保二年の「浄土三部経」千部読誦の発願と中止を想い、反省。
貞永元	一二三二	六〇	◯	この頃、帰洛。帰洛後、しばらく五条西洞院に居住。
仁治三	一二四二	七〇	9・21	定禅法橋、入西の求めにより宗祖の影像を描く。
宝治二	一二四八	七六	1・21	『浄土和讃』『浄土高僧和讃』を著す。

年号	西暦	宗祖年齢	月日	事項
建長二	一二五〇	七八	10・16	『唯信鈔文意』を著す。
建長三	一二五一	七九	閏《うるう》9・20	常陸の門弟に「有念無念の事」を書く。
四	一二五二	八〇	2・24	常陸の門弟に、明法の往生について記した書状を書く。
			3・4	『浄土文類聚鈔』『入出二門偈』を著す。
六	一二五四	八二	○	恵信尼、すでに越後に移住する。
七	一二五五	八三	6・2	『尊号真像銘文』（建長本）を著す。
			8・6	『浄土三経往生文類』（略本）を著す。
			11・晦	『皇太子聖徳奉讃』七十五首を著す。
			12・10	火災に遭い、善法坊へ移住する。
			12・15	真仏に書状を書く。
			○	法眼朝円、宗祖影像（安城御影）を描く。
康元元	一二五六	八四	2・9	蓮位、聖徳太子が宗祖を阿弥陀仏の化身として礼する夢想を得る。
			5・29	善鸞を義絶。同日、その旨を性信に報じる。

			11・29	『往相回向還相回向文類（如来二種回向文）』を著す。
正嘉元	一二五七	八五	2・17	『一念多念文意』を著す。
			2・30	『大日本粟散王聖徳太子奉讃』百十四首を著す。
二	一二五八	八六	9・24	『正像末法和讃』を著す。
			12・14	顕智、三条富小路善法坊で宗祖から「獲得名号自然法爾」の法語を聞書する。
弘長二	一二六二	九〇	11・28	未刻（一説に午刻）、善法坊にてご往生、覚信尼、益方等これに侍す。
			11・29	東山鳥辺野にて荼毘する。
			11・30	拾骨。
			12・1	覚信尼、恵信尼に宗祖の訃報を伝える。
三	一二六三		2・10	恵信尼、覚信尼に宗祖の回顧を伝える。
文永五	一二六八		3・12	恵信尼（八七歳）、病により往生の近いことを覚信尼に伝える。
七	一二七〇		12・28	覚如誕生。
九	一二七二		冬	宗祖の遺骨を吉水の北に移し、大谷廟堂を建立する。

親鸞聖人史蹟略図

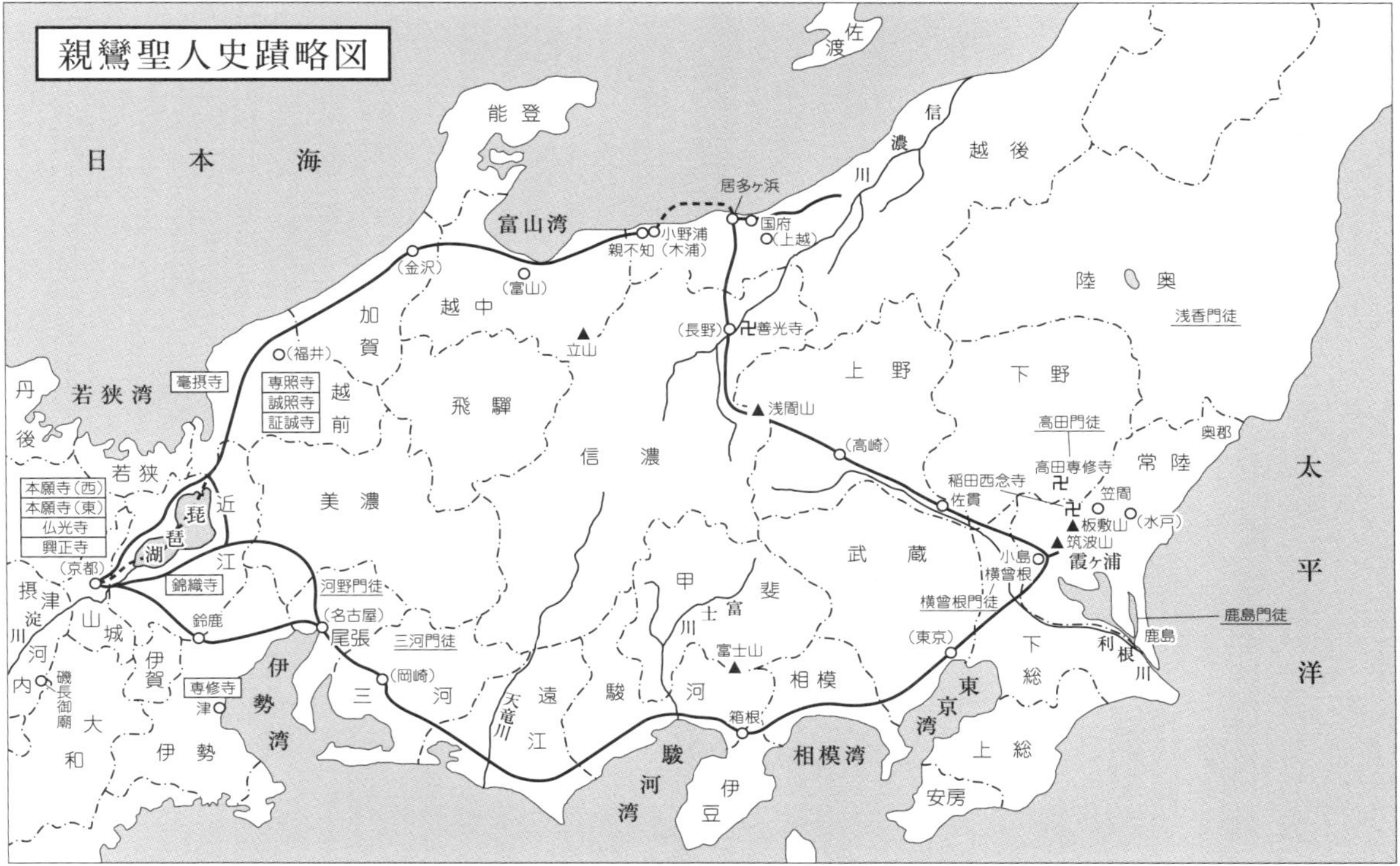

日本海
佐渡
能登
富山湾
若狭湾
丹後
若狭
近江
琵琶湖
本願寺(西)
本願寺(東)
仏光寺
興正寺
(京都)
摂津
淀川
河内
磯長御廟
大和
山城
伊賀
伊勢
専修寺
津
伊勢湾
錦織寺
鈴鹿
毫摂寺
専照寺
誠照寺
証誠寺
(福井)
越前
加賀
(金沢)
越中
(富山)
飛驒
美濃
立山
河野門徒
(名古屋)
尾張
三河門徒
三河
(岡崎)
天竜川
遠江
駿河
駿河湾
伊豆
箱根
富士山
富士川
甲斐
信濃
相模
相模湾
親不知
小野浦
(木浦)
居多ヶ浜
国府
(上越)
(長野)
善光寺
浅間山
信濃川
越後
上野
(高崎)
武蔵
佐貫
(東京)
東京湾
横曾根門徒
小島
横曾根
下野
高田門徒
高田専修寺
稲田西念寺
笠間
板敷山
(水戸)
筑波山
霞ヶ浦
常陸
奥郡
陸奥
浅香門徒
鹿島門徒
鹿島
利根川
下総
上総
安房
太平洋

京都聖蹟略図
N
北大路通
西大路通
千本通
堀川通
烏丸通
賀茂川
高野川
川端通
叡山電鉄
白川通
今出川通
京福電鉄
河原町通
東大路通
丸太町通
卍法然院
岡崎御坊卍
角坊
卍(善法坊跡)
御池通
京都御池中
(善法坊跡)
文
京福電鉄
三条通
卍頂法寺
(六角堂)
四条通
卍青蓮院
卍崇泰院(大谷本願寺跡)
卍知恩院
卍安養寺(吉水草庵跡)
京阪電鉄
光円寺
卍
卍
仏光寺
五条通
(荼毘所跡)
卍大谷本廟
本願寺(西)卍
興正寺卍
本願寺卍(東)
鴨川
七条通
桂川
京都駅
卍山科別院(東)
⊥蓮如廟(山科本願寺跡)
卍山科別院(西)
阪急電鉄
九条通
卍
延仁寺
(荼毘所跡)
延暦寺略図
横川
奥比叡ドライブウェイ
卍横川中堂
(首楞厳院)
卍恵心院
⊥源信墓
卍黒谷青龍寺
西塔
卍釈迦堂
常行堂卍 卍法華堂
聖光院跡 卍根本中堂
東塔
大比叡岳
四明岳
卍大乗院
無動寺谷

主要参考文献

本願寺史編纂所編『本願寺史　第一巻』（一九六一年、浄土真宗本願寺派）

上横手雅敬『日本史の快楽』（二〇〇一年、角川書店）

平松令三『聖典セミナー　親鸞聖人絵伝』（一九九七年、本願寺出版社）

平松令三『歴史文化ライブラリー　親鸞』（一九九八年、吉川弘文館）

千葉乗隆『親鸞聖人ものがたり』（二〇〇〇年、本願寺出版社）

本願寺史料研究所編『増補改訂本願寺史　第一巻』（二〇一〇年、浄土真宗本願寺派）

同朋大学仏教文化研究所編『誰も書かなかった親鸞』（二〇一〇年、法藏館）

あとがき

この度、二〇一三（平成二十五）年四月から四年間にわたって『大乗』に連載していた「日本史の親鸞聖人」を加筆・修正して出版させていただくこととなりました。

私は、奈良県に生まれたという環境もあって、中学生のころから歴史が好きになっていきました。このため、大学では日本史を学びたいと考え、文学部史学科のある大学ばかりを受験し、たまたま合格したのが龍谷大学でした。

学部生の時には平松令三先生のゼミに所属していながら、中世史のなかでも経済史について取り組んでいましたが、大学院に入ってからは千葉乗隆先生のお世話にもなり、本格的に真宗史を学ばせていただくようになりました。このころから本願寺史料研究所に入れていただき、平松先生に同行して、各地の寺院の所蔵物を調査するようになりました。この時平松先生から物の見方をご教授いただいたことが、今の私にとっては大きな財産となっています。

学生時代からお世話になった両先生は、ともに親鸞聖人の生涯についてのご著書を残しておられます。こんな私が、親鸞聖人の生涯を一冊にまとめることなどおこがましいばかりで、まだまだ両先生の親鸞聖人像を越えることはできないかもしれません。そのようななかで、あえて一般史を学ばせていただいた見地を取り入れながら、親鸞聖人の生涯についてまとめさせていただきました。二〇二三年に迎える「親鸞聖人生誕八百五十年」に向けて、親鸞聖人の実像に少しでも近づくことができたらと考えております。

最後になりましたが、ここまで導いてくださった多くの方々に感謝申しあげる次第です。

二〇一八（平成三十）年九月

岡村喜史

著者紹介

岡村　喜史（おかむら　よしじ）

1962年奈良県に生まれる。龍谷大学大学院博士課程単位取得退学。龍谷大学准教授を経て、現在は本願寺史料研究所研究員、中央仏教学院講師、武蔵野大学講師。専門分野は真宗史。

著　　書

『西本願寺への誘い　―信仰がまもり伝えた世界文化遺産―』（本願寺出版社）

『蓮如　畿内・東海を行く』（国書刊行会）

『誰も書かなかった親鸞』〈共著〉（法藏館）

『絵物語　親鸞聖人絵伝　―絵で見るご生涯とご事蹟―』〈監修〉（本願寺出版社）　など。

日本史のなかの親鸞聖人―歴史と信仰のはざまで―

2018年10月1日　第1刷発行

著　者　岡村喜史

発　行　本願寺出版社

〒600-8501
京都市下京区堀川通花屋町下ル
浄土真宗本願寺派（西本願寺）
TEL075-371-4171　FAX075-341-7753
http://hongwanji-shuppan.com/

印　刷　株式会社 アール工芸印刷社

KR02-SH1-①01-81　ISBN978-4-89416-492-5